Beautiful Experience

tone 19 我愛臺北原三里屯

作者：馮唐蕘
主編：SOHO小報
圖文提供：SOHO小報

責任編輯：洪淑暖
美術設計：何萍萍
法律顧問：全理法律事務所董安丹律師
出版者：大塊文化出版股份有限公司
台北市105南京東路四段25號11樓
www.locuspublishing.com

讀者服務專線：0800-006689
TEL：(02)87123898 FAX：(02)87123897
郵撥帳號：18955675 戶名：大塊文化出版股份有限公司
版權所有 翻印必究

總經銷：大和書報圖書股份有限公司
地址：台北縣五股工業區五工五路2號
TEL：(02)89902588 (02)22901658
製版：瑞豐實業股份有限公司
初版一刷：2008年8月
初版三刷：2008年8月

定價：新台幣380元
Printed in Taiwan

我 愛 北京 三里屯

編者的話

記錄城市的變和不變

文／李楠

李楠
《SOHO小報》主編

　　簡單描述的話，《SOHO小報》是一本記錄城市和人心的變與不變的雜誌，變化著的和不變的一直是我們關注的兩大主題。

　　這些年，城市化一直是中國大陸經濟發展的主旋律，城市化有兩個主要特徵，一是人口從農村向城市大規模遷徙，一是城市建築大規模改闢。

　　因為在中國很少有私人產權的土地，拆遷成本幾乎忽略，而政府又把推進城市化作為現代化政績的一項主要標誌，所以中國的城市化進程速度驚人，一座城市常常在幾年之內煥面目全非，所以，自上世紀九十年代末期，中國的學者、文人和知識分子，開始了一輪又一輪的關於珍惜城市風貌和挽救城市文化的呼籲。

　　作為建設的一方，政府和地產企業擁有話語，中國的城市建設便濃縮了近半個世紀，又眼界著，那些幾十年前建造的房子早已不適合居住了，發展才是硬道理。

　　三里屯是北京東部最早和外國風情相融合的區域，這緣由在中國八十年代剛剛結束政治鬥爭的氣候，引領了北京當時的文化和消費潮流，幾乎後來在北京和香港成名的所有大牌歌星、導演、作家、畫家等等，早年都曾混跡於三里屯地區，他們是三里屯的風景和氣質，三里屯酒吧街很快成為中國城市前衛、反叛的符號。如果我們考察三里屯的若干歷史與細節，追溯三里屯的滄桑歷史，也能折射出北京這些年來的城市變遷軌跡。

　　進入二十一世紀以後，國際資本開始大舉進入三里屯，三里屯在經歷了許多年的風情萬種和滄桑頑豔之後，終於開始迎來新一輪的改頭換面，這裏的建築大部分將被拆除，很多原住民面臨搬遷，這裏曾經的絕紅酒綠被夷為平地的快感使然。

　　如果我們把城市化純粹理解為大規模建造新的建築，那麼這一重複走中國固有建築形式就顯得很可疑。《SOHO小報》以一次改造為主題：一座城市的風貌、格局和規劃是否重要，是否應該遵照人們的生活方式安排；政府可以投資興建一座地鐵起點，但是如果果沒有通過城市的人們，卻願意花錢留在家園裏住下來折舊換新，那這座城市還是變不成新面貌。

　　所以《SOHO小報》做一次《我愛北京三里屯》選題，我們就是想體現出，讓城市的建築形態，能記住人情舊照舊舊本人對正三里屯建築後期曾經留下的……

《SOHO小報》簡介

《SOHO小報》是北京SOHO中國地產公司，每月出刊的免費贈閱刊物。原本只是地產公司給客戶看的內部通訊，但在二〇〇二年改版後，卻走出了自己獨特的風格。它的特色主要有三點：一是主題的選擇非常獨特，像是「小街」、「不確定」、「那一年」、「命」，都是令人眼睛一亮的題目。其次是匯集了許多中國大陸重量級的作者，這些作者與作品的份量，不遜於一些具有影響力的重要媒體。最後是富有創意品味不俗的美術設計。

由於這份免費贈閱的刊物，做得甚至比一些付費刊物更時髦另類，也因此它的讀者群早已跨越客戶這個範圍，甚至成為許多文化工作者的必讀刊物，目前每個月的贈閱量大概是兩萬五千冊左右。

三里屯酒吧街的典型夜晚

三里屯前史

文＋馮唐

1

一九八四年到一九九〇年，我在白家莊中紡街上的北京市八十中學度過了人生觀、世界觀形成的六年。中紡街西北不到三里，就是後來著名的三里屯。

那時候，三里屯還只是一堆沒臉沒屁股的六層紅磚樓，除了離住著各種外國人的使館很近之外，和北京其他地方，和中國其他城市解放後建設的街區一樣，有個花壇，有個意氣風發的雕塑，有幾棵楊樹或者柳樹或者槐樹，沒有其他任何突出的地方了。

那時候，我那個中學是朝陽區唯一一個市重點中學，號稱朝陽區的北京四中。從生物學的角度，那是個偉大的中學，物種多樣化，出各種不靠譜的人才，羽毛球冠軍、清純知性女星、不嗑藥也對漢語有突出貢獻的足球解說員、著名央視五台中層幹部等等。我上中學的時候，他們年紀也都不大，分別是體育優待生、大字比賽學區獲獎者、學校業餘廣播員、校團委副書記。後來，這個中學朝另一個方向多樣化，連續出了幾屆北京市高考狀元，那時候，我已經畢業很多年，那個著名的央視五台中層幹部也快因為他的家事國事更加著名了。

2

一九八四年到一九九〇年，在北京市，中紡街和三里屯，在第一和第二使館區之間，儘管沒有任何酒吧，但是已經是個挺洋氣的地方了。我曾經想，三里屯和三元里什麼關係啊。一個自己給自己的答案就是這兩個地方都和洋人有關，我們過去在三元里抗擊過英軍，我們將來或許在三里屯抗擊美軍。將來學生學歷史的時候，這兩個地名類似，好記。

我的同學，三分之一來自外交部，三分之一來自紡織部。這些同學都散住在中紡街和三里屯一帶。

外交部的子弟經常帶來我在中國從來沒有見過的東西，比如能擦掉墨水痕跡的橡皮，介於二八和二六之間的可變速自行車，可以畫出圖形的卡西歐計算器。我問他們，他們爹媽在國外通常都做什麼？典型答案是，「我爸是北歐一個國家的武官，基本工作是滑雪和看當地報紙。」這些子弟，常年一個人住在三里屯一個巨大的房子裏，最多有個又瞎又聾的爺爺奶奶看管著，彷彿被外星人遺留在地球的後代。紡織部當時還沒被撤銷，紡織是中國當時最大的出口創匯行業。紡織部的子弟從穿著就可以看出來，腳上的耐吉鞋、彪馬鞋都是原裝進口，款式都是王府井力生體育用品商店裏沒有的。當時一雙正牌耐吉鞋最少一百多塊，那會兒我中午飯在學校食堂吃，八塊五包一個月，有葷有素，有米粥或菜湯。他們還有防雨的夾克衫，輕薄保暖的羊絨衣，大本大本人肉濃郁的國外內衣目錄。現在回想，他們出入學校，雨天不像落湯雞，冬天不像狗熊，心中明白人事，他們彷彿錦衣日行的仙人。

我屬於那剩下的非外交部非紡織部的三分之一。我那時候懵懵懂懂，還不知道答錄機有貴賤之分，能出聲兒就好，能聽新概念英語錄音就好，就像不知道人有貴賤之分，長腿、長奶、帶毛就好。幼時的影響根深蒂固，我現在還是

馮唐

一九七一年生於北京。協和醫科大學婦科博士，美國Emory大學工商管理碩士。現居香港。已出版長篇小說《萬物生長》、《十八歲給我一個姑娘》、《北京北京》（台灣版書名《三日，十四夜》）、《歡喜》，散文集《豬和蝴蝶》、《活著活著就老了》等

分不清B&W和漫步者音箱的區別，還是不知道人有貴賤之分。

我們這一代人，有一個其他人沒有的巨大精神財富。我們少年時，沒有現在意義的三里屯，我們飽受貧窮但是沒有感受貧窮，長大之後心中沒有對社會的仇恨，有對簡單生活甚至簡陋生活的擔當。「我們窮過，我們不怕。」

3

那時候，沒有遊戲廳，沒有棋牌樂，沒有進口大片，除了念書，我常常一個人溜達。

出校門左拐，沿中紡街向西，最先遇見的是飴糖廠，臭味濃重。那是一種難以言傳、難以忍受的甜臭。剛開始聞的時候，還感覺是甜的，很快就是令人想吐的膩臭，彷彿乾隆到處御題的字。與之相比，我更喜歡管理不善的廁所的味道，慓悍淩厲，真實厚道，彷彿萬物生長著的田野。我從小喜歡各種半透明的東西：藕粉、漿糊、冰棍、果凍、文字、皮膚白的姑娘的手和臉蛋，還有高粱飴。但是自從知道飴糖廠能冒出這種臭味之後，我再也不吃高粱飴了。

飴糖廠北行五十米，是北京聯合大學機電學院。我們簡稱爲機院，當時的校長常常惡毒地暗示，如果不好好學習，我們很有可能的下場就是對門的機院。

飴糖廠旁邊是中國雜技團，不起眼的一棟樓，從來沒有看見有演員在樓外的操場上排練，可能演員們也怕飴糖廠的臭味吧。總覺得雜技排練應該是充滿風險的事情，時不常就該有一兩個演員從雜技團的樓裏摔出來，打破窗戶，一聲慘叫，一攤鮮血，一片哭聲，然後我們就能跑下教學樓去湊熱鬧，然後救護車呼嘯而至。但是，中學六年，這種事情一次都沒發生。

雜技團北邊是假肢廠，做胳膊、腿之類的，塑膠的、矽膠的都有。我曾經晚上翻牆進入假肢廠的倉庫，偷過三條胳膊和兩條大腿，留到現在，還沒派上用場。

雜技團北邊是三里屯汽車配件一條街，聽說當時北京街上被偷的車都在這裏變成零件，然後一件一件賣掉。後來，在三里屯北街火了之後，這裏去了汽配商店，添了「粉酷」、「法雨」（編按，餐廳名）之類東西，就成了三里屯南街。

4

汽配街往北，就是三里屯北街，也就是嚴格意義上的三里屯。

我們的中學體育老師，軍事迷，精研中日戰爭史，總說「二十一世紀，中日必有一戰」，他覺得他有責任爲中華民族準備好這場戰爭，總說「人種的強壯與否是關鍵」。一年十二個月裏，除了六、七、八、九月四個月，他都逼我們長跑。

我們跑出校門，跑到朝陽醫院，跑到城市賓館，跑到三里屯南街和三里屯北街的交會處，跑到兆龍飯店，跑回校門。

跑到三里屯南街和三里屯北街的交會處，每次都接近體育老師所謂的「極點」，一使勁兒，肺葉就被吐出來。每次堅持著，耷拉著舌頭東張西望，看著三里屯長起來。先有交會處東南角的小賣鋪，然後有三里屯北街的臨建房，然後臨建房開始賣酒，然後小賣鋪砌成啤酒杯的形狀。

野蠻體育老師後來得了痔瘡，痔瘡後來厲害了，對我們的管束越來越鬆。上課就把我們撒出去跑步，回來就自己踢球，下課前不再集合。體育老師自己坐在一個破硬質游泳圈上，曬太陽，痔瘡在游泳圈中間懸空，不負重不受壓，他的表情愉悅幸福。

我們不著急回學校踢球的時候，在極點到來之前，不跑了，到三里屯街角的小賣鋪一人買一瓶北京白牌啤酒，牙齒開瓶兒，躲進三里屯北街的花壇，蛋屍蛋扯，就啤酒。

有人說，他在這附近常見到黑人，伸出手來，手掌赤紅，彷彿猩猩。

有人說，他家的北窗正對著某使館，陽光好的時候，裏面的人出來曬太陽，只包裹乳房和下體，裸露其餘，從窗子裏看過去，皮膚比魚肚還白皙，汗毛是金色的。他說這段話的時候，眼睛突出，瞳孔擴張，鼻孔一張一合。武官的兒子說，他有他爸帶回來的望遠鏡，下午別上課了，一起去北窗瞭望。我們說：「同去啊，同去。」

有人說，看多沒勁啊，最好能摸，最好能抱。「初冬天，剛來暖氣，抱個人在被窩兒裏，美啊。」

估計在簡陋的環境裏，理解力發育也晚，我當時實在無法理解在被窩兒裏放另外一個人的好處，就像我當時無法理解體育老師痔瘡的痛苦一樣。我只是在旁邊安靜聽著，喝著啤酒，覺得歲月美好，時間停滯。

坐在這裏，安靜聽著，喝著啤酒，覺得歲月美好，時間停滯

十年三里屯（一九九八—二○○八）

文＋大仙

大仙

男，中年，著名專欄作家，有隨筆及小說若干問世。

　　一九九八年一月一日晚十時許，我切了一輛夏利從勁松殺到三里屯北街，在元旦的花火螢光中，一位外地婦女劈頭攔住我：先生要小姐嗎？我剛想按慣例說「我要你不就成了嘛」，一看，不對，她超齡了，趕緊改口：「謝謝，先不要了，我剛從有小姐的地方來。」這功夫，一幫跟拉客有關的各界人士紛紛湧上來——先生，到我們酒吧去坐坐吧，我們酒吧有演出。先生，要碟不？先生，買花嗎？先生，畫像嗎？先生，吃羊肉串嗎？先生，到我們酒吧跟小姐玩玩骰子吧。我趕緊力挽狂瀾、力排眾議，跟他們說：我就來三里屯找廁所撒泡尿，其餘的都不幹。」

　　從三里屯北街第一家捋過去，依次是——「地平線」、「男孩女孩」、「蘭桂坊」、「休息日」、「米蘭」、「雲勝」、「棕櫚」、「逗號」、「52號小男孩女孩」、「白房子阿爾卑斯啤酒屋」、「戴茜小屋」、「靈麗」、「簡單日子」、「驪姿園」、「傲基高」、「8」、「王畫咖啡」。馬路對面白天外貿服裝市場盤踞之地晚上則是——「飛翔」、「卡布瑞特」、「安吉爾」。這是一九九八年三里屯北街隆重的格局，奠定了三里屯震驚中外的名聲，總共構成三里屯北街酒吧中心的「十九條好漢」。

　　時間閃進二○○八年二月十七日，我穿行三里屯北街，參加李季在三里屯後街新開的「義大利蘋果餐廳」開業酒會，再次遭到拉客的堵截。拉客問我：「先生來我們酒吧坐會兒，我們酒吧沒有最低消費。」我說：「那有最高消費嗎？」拉客說：「更沒有了。」我說：「那我還消費個屁！」

　　在一九九八年元旦，整個三里屯只唱同一首歌——你總是心太軟心太軟，把所有問題都自己扛，相愛總是簡單相處太難，不是你的就別再勉強。換詞兒就是——我總是人太傻人太傻，把所有存款給別人花，上當總是簡單醒悟太難，本是我的還要去糟蹋。

　　到了一九九八年春節之後，王菲那英在春晚上高歌一曲《相約九八》，瞬間就成為「相約酒吧」的代言人，整個三里屯北街在相約九八中，進入相約酒吧的鼎盛時期。一度，沒去過三里屯就跟沒出過國一樣落伍。

　　之後，三里屯北街逐漸成為旅遊景點，垃圾歌手、站街小姐、劣質白領以及一幫農轉非的閒雜人等，已把北街變成了惡俗之地。尤其是一些從寫字樓出來就不會寫字的白領，穿西服打領帶，喝著科羅娜耍著骰子假裝特有情調，其實就是一幫城市混混。雖然三里屯北街曾是我泡吧的根據地，但是我現在比誰都煩它。

　　進入二十一世紀，三里屯區域的酒吧開始圈子化、私人化。王朔開了「王吧」，成為文學憤青、藝術憤青暢談理想的中心。「王吧」旁邊是「蔣酒」，也成了戲劇憤青的嘯聚之地。「王吧」對面的「青年旅館」，由於酒賣得便宜，兼有「地下音樂」不時演出，便成了中外工薪憤青追求藝術的狂歡之地。

　　工體北門具有拉丁風格的「哈瓦那」，融入了一些小資情調的文人和商人，還有一些強壯的西方牛仔。工體北門對面的「幸福花園」和「甲55號」，

則是文化人和音樂人混跡之處。在貌似跟文化特搭的三里屯南街，「隱蔽的樹」正成爲外國旅遊者的天堂，而「芥末坊」早已成爲本土憤青的大本營。「明大」在南街獨樹一幟，以高額的流水將中西方的「白領浪子」薈萃於此。「蘇茜亞」是一家日式餐吧，在這裏你可以體驗到松尾芭蕉和夏目漱石幽長的氣韻。「鄉謠」則屬於酒吧中的「山藥蛋」派，樸實無華還透著有情調。「鄉謠」對面的「北京愛爾蘭」，是週末老外狂歡的場所，很多中國女孩在這裏尋找機會。

「夜上海」餐廳對面的「藏酷」酒吧，頗具「奧菲斯」色彩，來這裏的大多是「菲斯科」雇員，他們把寫字樓的氣息傳染給酒吧。兆龍飯店對面是「豹豪」、「海力」和「火烈鳥」，其中「豹豪」豪情天縱，很多二流影星、三流歌星、四流模特都在這裏尋找一舉成名的機會。

與三里屯北街交相輝映，一九九五年春天，一位叫居嵐的女海歸，在三里屯南街擂響了酒吧的戰鼓，開創了南街處女店「咖啡咖啡」。隨後，「隱蔽的樹」、「芥末坊」、「明大」、「鄉謠」、「蘇茜亞」、「北京愛爾蘭」相繼崛起，這七家酒吧七劍震朝陽，風雲嘯長虹，伴隨著「河」、「阿蘇卡」、「生於七十年代」的新血湧現，三里屯南街頓時被忽悠成憤青的重鎮、怨青的搖籃、文青的家園、滾青的戰場。

我把「88號」、「男孩女孩」、「豹豪」、「藏酷」、「明大」、「賽克賽思」、「哈瓦那」命名爲三里屯「七大奇跡」，特別是「88號」，每個想在北京文化圈、娛樂圈有所建樹的主兒，必須得在「88號」過一把，然後你才知道自己是騾子是馬。

二○○五年深秋，我跟「88號」創始人、三里屯教父李亨利在他的「白房子」小坐，算是邊聊天邊探訪，爲我的雜誌做一期《十年三里屯》的專題。秋風一來，人便開懷，我跟亨瑞開懷暢飲，旁邊的站街女孩想坐懷都不讓，我們寧可讓靈魂替小姐在自己身上坐懷直至精盡身亡……

在這次秋夜暢談中，李亨利說出一句轉變中國人行爲方式的話語——我就想改變中國人朝九晚五的生活秩序，晚上不出來，白活一輩子！三里屯的意義和價值就在這一點上發揚光大，把中國人從農民變成了都市消費者和生活享受者。現在中國人還有看完新聞聯播就準備睡覺的嗎？

十年三里屯，它就是改革開放之後中國的一個縮影，它教會了中國人怎樣走進新時代，走向夜生活。沒有夜生活的人是對不起夜晚的，月亮反感你，並通知太陽在第二天討厭你。正如有一天，我跟狗子在三里屯喝著喝著酒，他突然顏了，縮進角落裏。我問他：狗子，喝呀，你幹嘛老往後縮呀？狗子說：要不我怎麼是生活的縮影呢，我縮慣了。

十年三里屯，從一九九八來到二○○八，一路走來令人慨當以慷，憂思難忘，何以解憂，惟有爛穀子中，扒拉出幾粒陳康。一九九八，二○○八，中間穿插著多少酒吧，多少女人在此地葬送了年華，多少男人在此處傾空了錢夾？

一九九八，在三里屯酒吧，一位鄉鎮企業家，望著科羅娜，高聲問服務員：「小姐，那一領啤酒多少錢？」二○○八，隨便一個東三環寫字樓的小白領，來到三里屯酒吧，不看酒單就喊：「服務員，芝華士對紅茶，套餐那種！」一九九八，在三里屯酒吧，以爲城鄉結合部的帶頭大哥，坐下了就問：「咱酒吧有啥下酒菜，油炸花生米和豬頭肉有嗎？」二○○八，從白溝到塘沽再到秀水假名牌越穿越像真名牌的私企豪傑，張口就問：「洋蔥圈有嗎？炸泥腸有嗎？水果沙拉有嗎？裏面多擱獼猴桃。」
三里屯十年的偉大價值就在於——中國人從吃糠嚥菜，一把就進步到黃油乳酪。

攝影＋朱春雨

三里屯一向是老外週末狂歡的場所

攝影＋吳鵬

憤青的重鎮、怨青的搖籃、文青的家園、滾青的戰場

阿強(JOHN)，美國費城人，在美國學習中文，來中國後他去了上海、
深圳等很多城市，因 三里屯的酒吧，使他決定長時間的在北京停留。
2006年夏天即將離開中國，他身旁的王大 ，是他居住的三里屯南街
小賣部店主

三里屯南路一門牌下。2004年夏

攝於2005年3月，三里屯南街酒吧區拆遷的最後時刻，這條酒吧街於2005年4月份全部拆光……這就是小季當年開的酒吧，中文叫「隱蔽的樹」

這就是1995年在三里屯北街開張的第一家酒吧。攝於2005年深秋

被記憶點亮的三里屯

文＋石康

石康

生於一九六八年，編劇、作家。著有小說《晃晃悠悠》、《在一起》、《心碎，你好》等，隨筆集《雞一嘴，鴨一嘴》，劇本《大腕》、《奮鬥》等。

八十年代末，在北京出現了一些燈光很暗的公共場所。在夜晚，這些場所點著蠟燭，進去以後，每個人看起來會比在光天化日之下好看一些，這些公共場所裏出售的飲料要比一般飯館裏貴上幾倍。但人們很快就接受了那種見不得人的價格，因為他們在購買飲料的同時，也購買了一種叫做情調的東西。這就是北京酒吧的前身，一些似是而非的模模糊糊的公共場所，裏面賣一些袋裝食品——話梅、花生米、速溶咖啡、含酒精的飲料等等。那是北京人在經歷了漫長的物質匱乏之後，第一次享受某種帶有審美性質的公共環境。人們進入這種環境，談情說愛或是交換某些與環境相配的思想。

起初是千篇一律的酒吧，每個酒吧與別的酒吧沒什麼區別，接著，樂隊出現了，再接著，鮮咖啡出現了，各種進口啤酒與紅酒出現了，最終，三里屯出現了。在這裏，酒吧連成一條街，為了與別的酒吧區別開來，每個酒吧都在不斷改進，去尋找自己的風格，酒吧之間的競爭就這樣展開。酒吧老闆一換再換，北方老闆把酒吧開得朋友成堆，南方老闆的酒吧裏上演豔舞，門口還有夥計向行人打招呼，試圖拉之入內。每到夜晚，燈紅酒綠，著夜裝的各色人等穿行在酒吧內外，一片頹廢無聊的繁榮景象。

三里屯的吧主們根據自己的愛好，也在悄悄地改變著這些酒吧，搖頭黨把某些酒吧變成了搖頭廳，人們在裏面聽著Hi曲兒，吃著提供興奮與快樂的毒藥，盡情享受屬於他們自己的幻覺，直到員警衝進來才能打斷他們。另一些酒吧則被牌迷佔據，人們聚在一起，除了打牌，什麼也不幹，更有的酒吧變成了小迪廳，讓喝酒喝高興了的人搖頭晃腦，誇張地表現他們的快樂。

我從一九九五年左右，開始夥同一些狐朋狗友，混跡於三里屯各個酒吧，這之前，是混小飯館，小飯館混不下去的原因是，大家越吃越胖，胖得自己都不愛看自己，真巴不得自己是別人。於是，轉戰到三里屯，雖然錢花得快一些，混完之後更不清醒一些，但仍愛混，至少比去劇場或者電影院強吧，三里屯酒吧裏怎麼著也能抽酒喝酒和說話，還不必不停地吃，更能遭遇到一些同我一樣的朋友。這是三里屯的強項，我尊重這個強項。

在三里屯，我常去的是「白房子」，老闆叫亨利，是個上海人，很會做生意，後來他又開了「88號」，裏面放最前衛的電子音樂，門口雇了個黑人看門收票，有時收到老客人身上，把老客人轟走了不少。不過後來「88號」完蛋了，但白房子還在。當初我和一些朋友總去那裏，約著談事兒一般都約去白房子，或是閑著沒事兒，大家白天四下轉悠，彼此詢問在哪裏碰頭兒，答案大多也是「白房子」。先去的人等著後去的人，在那裏叫杯飲料，然後便有賣盜版光碟的上來問你買不買，你一買，就得挑，一挑就能挑上半個小時。人漸漸聚齊了以後，你要是問大家還要去哪兒，答案一般是哪兒都可以。這一群人性格都太隨和，沒一個有主意的人，於是就繼續停在「白房子」，在那裏聊文學、音樂、電影和說笑話。如果能叫來幾個好看的姑娘，特別是對藝術感興趣的那一種姑娘，那麼聚會便會更加有趣。事實上，那時的漂亮姑娘對藝術還真感興趣，她們像男人一樣閱讀，會幻想，而那幻想一般限制在情感領域，她們善意、好奇，而且希望瞭解別人。現在的漂亮姑娘只對圖像感興趣，特別是她們自己的圖像，她們更喜歡迷醉於一種可變化萬千的物質圖景之中。

在北京三里屯，任何一個小酒吧都聚集著一小圈子人，大家彼此認識，如果來了一個新人，很快就會被介紹給其他人，也就是與所有人認識，這就是所謂的北京的小圈子主義。這種小圈子主義在我眼裏真是說不出的熱情，想一想在外地，你得一個一個認識所有人，那有多累啊。

三里屯酒吧裏有不少駐唱歌手，他們多半拿著把吉它，唱些自己喜歡的歌，你會發現，這些人的歌齡有的竟超過十年，而他們的社會地位、經濟地位之類的東西未發生任何變化。想想看，十年裏，他們可幹任何事，但他們仍在那裏唱歌，這說明他們是真心喜歡唱，他們就喜歡那種生活方式。這是一種真誠，若是想具有這種真誠，非要一點性格不可，他們就有那麼一點性格。

要在三里屯尋找瘋狂是很難的，北京人沒那麼激烈，即使有人喝多了，多半也會有朋友拉住他。就我這些年所見，酒吧的暴力傾向是很少的，倒是酒吧音樂裏的暴力傾向越來越多，不過人們多半會在那種音樂裏跳跳舞，活動一下坐累的腰身。

人們為什麼去三里屯呢？尤其是夜裏，每一家酒吧都坐得滿滿的，叫人感到不可思議。我有時東張西望想琢磨出結論，這裏的座位肯定沒有家裏的沙發舒服，音樂又吵得人無法說話，完全沒有在家打電話清楚方便，而喝點什麼當然要比從超市買的貴，加之煙霧騰騰，燈光昏暗，你在裏面幾乎無法做任何事——人們為什麼去呢？但人們就是願意去，理由只有一個，那就是寂寞，是寂寞把人們趕到這裏來，這裏有他們的同類，在同類中，人們也許會稍許感到好受點兒吧。

年輕的時候，我喜歡在三里屯去尋覓專屬於自己的風流韻事，不管別人如何想，我固執地認為，酒吧裏的姑娘容易搭上，要不她們為什麼趁夜出動，把自己打扮得花枝招展，令人想入非非呢？而且，她們為什麼跑到酒吧來呢？事實最終擊碎了我的想法，當我回憶起自己幾年前在酒吧裏不知羞恥、勾三搭四的身影，不禁會在嘴角露出欣慰的笑容。我認為，有不少人也曾像我一樣在姑娘方面屢屢失手過，但我不知他們是否會感到欣慰。

現在，我的年齡已過限，自感再像年輕時那麼騷已不太合適，剪上一個時髦的髮式倒能咬緊牙對付，可穿上緊身衣，肚子便會令人噁心地突出來，而緊身褲也會叫我的襠部感到不適。儘管腦子裏的下流念頭絲毫不減當年，甚至更加熾烈，但一想到就這麼衝進三里屯一條街，要是一無斬獲地回家，那該是多麼地令人羞憤吶！我可不想這麼污辱自己一番，然後在深夜回家後，對著鏡子裏的自己難過不已，心裏癢癢得恨不得雇個人劈手給自己一耳光才能舒服點。

算了，自尊自愛吧，讓年輕人去鬧吧，三里屯正是為這些人開的——我呢，就在自家的燈下點上一支香，看上一篇佛經，圖一清靜。不過，有時我眼前時空交錯，眼前仍會被三里屯的熱鬧所點亮，甚至有香水味與烤肉的香味飄然而至，到底是哪一個身影更寂寞？燈下讀佛經的我，還是夜遊三里屯的我？

三里屯·男孩女孩

攝影＋楊國偉

（自由設計／攝影師，現居北京）

以婉約輕盈著稱的超模劉巾薇，也曾經是三里屯酒吧街的常客。攝於2006年

被我們生生拽到北京發展的朋友唐曉宇，曾經獲得兄弟杯時裝設計銀獎，他的能夠活動的時裝至今令人難忘，這是2002年夏天

好朋友工了璇在三里屯南街粉酷餐廳，2004年冬天

2006年夏天一個Hip-Hop少年，攝于三里屯酒吧

龐克李理，攝於2001年9月11日

2002年秋天，在酒吧看演出時認識的女孩，她叫「乖乖」，來自廣東韶關，在三里屯各個酒吧轉場唱歌

廣告創意人張松，曾是我在三里屯的牢友。我們經常約朋友一起在三里屯南街的各個酒吧喝酒聽音樂看演出。攝於2005年

曾經在演藝圈奮鬥的溫州姑娘劉穎。拍於2002年秋天

「同里」的藝術活動。這塊地方有著與生俱來的藝術氣質,暗香浮動又催化了人們的想像

三里屯的起承轉合

文＋楊葵

三里屯這二十年，很像一個人的成長，少年時青澀、歡樂；青年時孟浪、激進；而立之年前後的混亂、崩潰；到如今，被人生之苦，以及各種社會現實，教育得浪子歸來，規規矩矩，娶妻生子，建設家庭，成了和諧社會的中堅力量。

又說人生如夢，還說人生如舞台。三里屯這二十年的人生，如果是一場夢，是一出戲，還真有板有眼，絲絲入扣，起承轉合清晰可見。我在三里屯一帶玩了二十年，親歷這一場春夏秋冬四季輪轉，很多細碎小事當時不在意，今天回頭看，套用時髦詞兒來說，居然都是起承轉合的「拐點」。

上世紀末，三里屯開始「起」，不消一兩年工夫，迅速蔚為大觀。彷彿王者出行，閒雜讓道，北街路西原來有一長溜兒服裝攤，與秀水街齊名，迅速被擠走。不僅服裝攤，各種不相干的買賣全都擠走，三里屯成了酒吧的天下。

閒雜買賣讓了道，整條街卻被閒雜人員當了道。當時晃蕩在三里屯的，主要兩撥人，一撥是有班上的文化人兒，另一撥是沒班上的大閒人。前者比如記者、文化公司的老闆員工；後者比如各領域的藝術家，唱歌的，寫作的。兩撥人的共同特點：有閑，喜混。

北京圈子文化盛行，上述兩撥人，在北京基本算一個圈子，所以彼時的三里屯，隨時都像大家庭聚會，熟人滿街飛。偶爾碰上不認識的，互相瞧著也眼熟。夜幕降臨，四九城的兄弟姐妹都往這兒扎，直把家家店老闆混成了哥們兒。於是，不光一家店裏桌與桌之間串台換位，店與店之間也遊走頻繁。嬉笑怒罵，甚至打架，都是家庭內部的事；今宵離別後，明日還相逢，整個三里屯，像一場永不完結的流水席。如果有人旱地拔蔥，躥上半空去看這條街，定是一派祥和之氣籠罩。

這期間有一件小事，至今記憶猶新。那天我們在「58號」戶外大酒伺候，酒到多時，某人心裏泛起愁事。正鬱鬱不得解，猛抬頭看不遠處「黛茜小屋」門口，蹲著一位姑娘，嚎啕痛哭。這位老兄被姑娘的悲痛完全征服，直入忘我境地，情不自禁抄起桌上一摞餐巾紙，大步流星衝過去，塞在姑娘手中。

當時那場景，因為姑娘下蹲姿勢頗似正在方便，所以送紙巾的動作，很容易被理解成諷刺挖苦。我們於這頭看著，隱隱替那兄弟擔心。姑娘倒是毫不見外，悉數接過，一把鼻涕一把淚，腳下迅速餐巾紙堆積如山——這是「起」時的三里屯，人心淳樸，簡單真率，都是兄弟姐妹，所以姑娘沒有任何顧忌。不過我們開始生出怕被誤解的念頭，想到了諷刺挖苦的歧義，也說明這條街上人開始雜了，陌生面孔越來越多，「起」到此處，該告一段落了。

所有的酒吧生意都太好了，夜夜笙歌，附近居民以擾民為由抗議，城管部門開始干涉，子夜過後不得在街面喧鬧。從此，三里屯開始「承」。

楊葵
••••••••••••••
一九六八年生，江蘇人。有文集《在黑夜抽筋成長》，電影《黑白》曾獲法國朗斯電影節評委會大獎。現居北京。

新的作息時間，更適合早起早睡、偶爾放縱也有節制的白領。於是三里屯的顧客，漸漸變爲以白領爲主。可是，老混混們不可能就此不混了呀，他們開始沙家浜的第二場——轉移。

上海人泡吧，認地不認人；北京人泡吧正相反，認人不認地，只要老闆是朋友，哪怕他在民宅裏開個酒吧，都天天不落往那兒衝。三里屯第一代酒吧老闆們賺到了錢，陸續挑選城裏其他地方另開夜店，比如「88號」，比如「FM」。老人們都隨老闆去焙新場子了，剩下三里屯這些老店，多數盤給了新人。

最瞭解這些店的，當然是當年那些店夥計，他們眼瞅著這些店從初創到極盛，加上感情的因素，很多人奮力聚資，搖身一變，從夥計變成了老闆。也因此，後來再去三里屯，滿街東北話，這是原來的那些夥計們又從家鄉招了新一茬兒夥計。東北人向以性格豪爽、膽大著稱，做起酒吧生意，也是天馬行空，很快三里屯向多元化發展。之間酒吧頻繁倒手，東北人這支主流也被沖散，街上的成分越來越複雜了。

有一年夏天，一個在紐約大學做比較文化研究的朋友來京，要去參觀鼎鼎大名的酒吧一條街。我陪他在那條街上正指指戳戳，突然後邊躥上一位大嫂，問：「大哥，要玩玩不？全是從老家新來的姑娘！」

儘管我們直接謝絕了大嫂的好意，她還是不死心，一路緊跟。同樣的話不停地重複，很沒創意，害得我和朋友完全無法聊天。情急之下，我猛回頭盯著大嫂問：「我這朋友不喜歡姑娘，有小男孩兒麼？」那大嫂瞪圓了雙眼，吐了吐舌頭，繼而嘴裏嘟嘟囔囔，終於放過我們。我那朋友當場笑翻，大呼三里屯太有意思了。我當時半自言半語半對他說：「這條街到了這個鳥樣子，孟浪激進過頭了吧？該轉變轉變了。」

果然沒過多久，政府開始準備重新規劃三里屯地區，酒吧街一片喊拆之聲，鬧得人心惶惶。家家店鋪都在想方設法儘快出手，本來想在寸土寸金的街面上再擠進個把酒吧的新人們，也火速撤退，酒吧街的生意越來越淡。當然，要拆遷只是生意淡的原因之一，還有不少其他因素，比如經營越來越不靠譜；比如悄然之間，幾年下來，三里屯主街周邊的巷子裏，也陸續起了一些酒吧，比如老王的酒吧、「蔣酒」、「海上」、「青年旅館」，等等，這些新店不僅從各處拉回很多已經走失的三里屯的老人，也拉走街面上那些酒吧的大部分顧客。三里屯開始邁上混亂、崩潰之路。

街面上酒吧的崩潰是顯而易見的，到週末，不少酒吧仍是門可羅雀。街後小巷子裏的酒吧，也以另一種方式走向崩潰。連續七、八年的夜夜笙歌、歡聚大宴，使得很多老戰士們漸生疲態，一時眼前又無新路可走，只得沉溺其間。起先的兄弟姐妹情誼，這些年下來，也都盤根錯節，生出新的愛恨情仇，像一副撲克牌，還是那些花色數位，卻已經被洗過若干遍，早已不復當初。

那兩年，三里屯當年的老戰士們輪番得了抑鬱症。雖然還是見天兒湊在巷子裏的某個酒吧，但已不復當初握手擁抱，把酒言歡的形態，而是互問病情，互道珍重。就在那兩年中的某一天，一夥老戰士聚在老王的酒吧裏，話題七拐八繞，不知怎麼繞到怎麼才能讓「王吧」掙上錢，擺脫大食堂的稱號。老戰士之一突然語驚四座：「修座廟吧！」他的理由是：「你想想來三里屯這些人，有幾個不精神危機啊。」

　　今天回想這位老戰士的話，像是黎明前黑暗的一個標誌。三里屯十幾年的繁華，至此走到終極。如同人生，最美好的童年、青年時代紛紛攘攘、熱熱鬧鬧，可以頭破血流，可以胡作非為，可惜這一切都已結束，中年到來，「合」相初露。

　　「合」了以後的三里屯，先是起了3‧3大廈，隨後大片空地上開始建設全新的樓宇，富麗堂皇、時尚先進，CBD成了它的新兄弟，名牌精品店即將為它的新主人。這一切，都很像一個安居樂業的中年人，體面，穩定，按部就班，滿面紅光，一副和諧社會主人翁的氣象。北街東面還有幾家最老的小酒吧沒拆，戳在那裏，隨著周邊新樓的崛起，越來越顯出頹敗、陳舊之相。

　　不知道市政部門將來的規劃如何，如果讓我建議，不妨留著它們，歸口到博物館部門管理。週末夜幕降臨之時，這些老房子裏會傳出一些老歌，歌聲幽幽地在三里屯的大街小巷四溢流淌。

攝影＋林青

這條街以模仿追隨西方情調見長,但國情在此,有時難免力不從心地暴露出一些本土元素。不過喜歡到這裏來的人是有心理準備的

三里屯傳奇

文＋小嫻

一九九四年的一天晚上，我在小賣部買了一包「都寶」，遇到了一群留學生，也沒問去哪里，就被他們捲著來到了三里屯。那時候，真是純粹的北街，放眼望去只有一兩家亮著燈。你不需要知道哪家是酒吧，只要看見門口的人群就知道了。那家酒吧如今早就易主了，但那是我第一次去的真正意義上的酒吧。裏面人擠人，牆上貼了好多照片，我在那裏抽完了「都寶」，喝掉了不知道什麼酒的各種酒，踩著各種人的肩膀從學校後門爬了進去。這個晚上開始，我開始無數次地重複夜晚的這些過程，三里屯進入了我的生活。那個酒吧叫「City Pub」。

從一九九四年開始，三里屯成為了一代人情感和個性的去處，每個人帶著從社會上招來的疲憊，在三里屯找到了發洩和自我張揚的地方。那時的三里屯，絕不僅僅是酒和美色的地方，那裏有瘋狂，柔情，和隨心的叫囂，所以那裏才成為很多人必去的地方，也會在今天想起來的時候，帶著襲擊於心的回憶說著：那時候的三里屯……

與我年齡相仿的一代人，正是伴隨三里屯興衰的一代。在我們開始泡吧之前，北京的老外＋本地大款＋早年海歸，統統都被圈在各個酒店的大堂酒廊，聽著「愛的羅曼斯」，大眼瞪小眼地喝酒。心裏即使被酒精鬧騰地再High，也要正襟地撐著。

一九九四年在「City Pub」的夜晚，改變了我認為的「喝酒要裝蒜的」大堂印象。而在我的印象裏，這種人擠人，臉對臉的Pub方式，逐漸在北京的黑夜亮起來，形成了一片，一街，和流湧的人群。

在我的三里屯歷史裏，是幾個地方，和幾片感覺連成線的記憶，他們是我的三里屯。

Jazz Ya

那是我每次去三里屯必去的一個地方，無論飯前飯後，不管是醉是暈，總覺得不去一趟那裏，好像今夜沒有混過三里屯。

去「Jazz Ya」不僅僅是因為他有當時北京最好的爵士可以聽，還有那裏最好喝的愛爾蘭咖啡……熱的，醉的，苦有微甜的滋味。現在Jazz Ya屹立在老位置，遠看如城堡一般。已經徹底消失了當時的味道——木色的房子，低矮的門，高高的天棚。那木製的小門，圍起了一個小院子，有時有一兩輛自行車停在這裏，看起來更像是一小戶人家。牆上是二十年代虎牌啤酒的招貼畫，書架上是翻舊了的日本漫畫書。還有吧台裏站著的那位調酒師，全城美女少男都知道他的名字——根本城，他總是露著日劇裏的笑容，一笑就是一代人。

芥子園

「芥子園」曾經是唯一一個擁有下午陽光的小酒吧。現在想起來，那好像一座從天而降小屋子，小到超過五個人已經嫌擠了的地步，而且前後左右不

小嫻
‥‥‥‥‥‥‥‥
從事當代藝術諮詢，創辦「景」畫廊

挨著任何店。我經常騎車路過那裏，面對馬路的窗戶旁邊總坐著一個人，他有時候在看書，有時候在發呆。騎車路過的時候，他的窗戶好像一個寬銀幕的畫面，從左到右，陽光慢慢掃過。

他是一北京人，卻會做好吃的三明治，經常很享受地給我講用什麼麵包，調怎樣的汁，哪種牌子的乳酪，什麼成色的火腿……冬天的日子裏，他拿出一個炭盆，放在屋子中間，我們一群人圍著，享受著片刻如此的溫暖。小小的「芥子園」，也會辦些展覽，藝術家們把作品掛在這裏，也帶來了藝術的話題。（現在誰還聊藝術的話題啊，能說到藝術市場的話題已經算靠譜了。）沒過多久，三里屯不知道從哪年開始嚷嚷著拆遷，「芥子園」被當作危房的典型連根拔了。我恰巧和這位開「芥子園」的李振華成了鄰居和一起幻想未來的夥伴。現在已經是策展人的他，一直帶著他的「芥子園」，做著流動的藝術展。但是那春天下午的芥子園，不能複製地，每瞬浮現。

一半一半（HALF HALF）
一九九五年的時候，W住在我家。他是Gay。所以每次說出去喝一杯的時候，他都拉著我去了Half Half。那時我還沒有「Gay吧只有Gay去」的概念，跟著W每晚都泡在那裏。最開始，只是每週三是Gay的夜晚，慢慢變成了只有Gay去了，於是成了不折不扣的Gay吧。酒吧的老闆和老闆娘從未想過Gay是如此的抱團，忠誠，好玩。他們喜歡自覺地把這裏變成了自己的客廳，形成了一個溫情的客廳酒吧，每個人都彼此熟知。你打電話到酒吧，老闆一聽就能知道是誰的聲音，甚至你還沒有說話，他也能告訴你，你最想的人來了還是沒來。有一次酒吧裏兩個陌生人來喝酒，喝著喝著就打起來了，老闆還沒有出面，酒吧的客人已經不幹了，有轟他們的，有收拾殘局的，有維護場面氣氛的，好像家一樣。

W喜歡上一個義大利人，為了見他，設計了很多約會的機緣，但是都錯過了。有天晚上，難過的W坐在吧台上，酒吧的老闆娘歎了一口氣說：「看來你們跟我們一樣，受了傷的愛不分人啊。」

在這個酒吧被大眾發現之前，即使王小波書裏寫過的那些牡丹們在這裏，也只是好玩的客人而已，沒有誰在作秀，沒有誰在瞪眼看驚奇，他們營造了一個親情的酒吧，讓這裏變成了另外一個家……雖然，只是短短地兩年。

Café Café
要是有人不知道是什麼「Café Café」，或者以為是喝咖啡的地方，你就可以判斷出來，他哪年開始泡三里屯的。一九九五年開張的「Café Café」，幾乎是三里屯的標誌之一。三里屯北街有個白房子（Public Space），三里屯南街有個「Café Café」。都是喝酒看人的地方。

「Café Café」顯得更低調，更有氣氛。屋子很小，兩間，牆壁上掛著我們現在只掛陽台用的竹簾。去那裏的都是半熟臉，真的和偽造的藝術青年，還有

各種扮神秘的人。聊的話題能串著桌子連起來，你這邊聽一半，那邊已經說到答案了。有沒有個性的人，去那裏次數多了，都是有個性的人了，看到的，聊到的，無比新鮮。現在要是想找這麼一個地方，真是難了，北京早就變得不那麼集中了，喝酒聊天，從理想侃到到八卦，然後全熟和半熟互相照眼，兼顧著看看過往的美女美男，這樣的地方，少了。

還有：

因為秦奇，我在「明大」咖啡每週都來看樂隊演出。

因為冰冰，我第一次在三里屯喝到天亮是在她的「芥末坊」。

因為白漚，我每個傍晚能在他的「彩虹咖啡」裏，喝到一杯濃香的咖啡。

因為「隱蔽的樹」，我的朋友在那裏辦了她人生第一次畫展。

因為「Café Café」，換成了「Sussie Ya」以後，我愛上了吃壽司。

……

這些地方，這些瞬間，在我的記憶裏，慢慢變成傳奇，其實在寫的過程裏，所有的瞬間都又一次被我幻想了，誇大了或者忽略了——我到底有過多醉？到底為誰流淚？一個一個酒吧地串，是跟誰？我在「芥子園」的時候，究竟是春天的下午，還是冬天的傍晚？碎片一樣的記憶，混合著貌似真相的感受，三里屯在我的記憶裏成為了不能替代的傳奇。

攝影十鄭東營

三里屯開始讓北京人有夜生活

舞廳一景

三里屯閒話

文＋張頤武

　　三里屯當然早已經成了一個象徵。它的「酒吧街」的形象其實打開了中國二十世紀九十年代夜生活的空間，給了中國城市的夜晚一個具有活力的形象，讓北京人晚上有地方可以去，可以在漫漫的長夜中打發掉那些時光。所以，說起中國的夜生活和酒吧，三里屯是不能繞過的。

　　我還記得北京原來其實是一個相當閉塞的城市，它的生活方式也是相當傳統的。在中國的「現代性」中，北京歷來和上海就是兩極。一極是上海，我們看看當年「新感覺派」的穆時英和劉吶鷗的小說，酒吧、咖啡館和夜總會等等是其賴以存在的背景。大家所熟悉的所謂紙醉金迷的生活，大都市的感官體驗等等都有充分的展現。大概在一九七五年，我還是一個少年，在家裏翻出一本茅盾的《子夜》來讀，看到那時的上海生活的面貌，覺得異常新奇，也感到了一種神秘的魅力。在一個極度閉塞的社會裏，對於那種生活產生出一種幻想也是難免的。但當年的北京生活也有不少作家描寫，自然難有這樣的情境。

　　在我看《子夜》的那個時候，夜生活其實是大逆不道的事情，是流氓無賴所為。計畫經濟將一切都計畫好了，晚上自然要好好休息，為了第二天努力工作。而晚上出去不歸，在那時的青少年中間有個說法叫做「刷夜」，這當然是一種惡行，是我們連想都不敢想的事情，所以直到今天我也不知道學校裏批判的夜晚不回家的「刷夜」究竟是幹些什麼。那種青少年文化後來也很快被社會所遺忘。那時的中國是個生產型的社會，只管生產，把我們大家的消費壓到了最低，自然就沒有什麼夜生活可言。

　　八十年代之後，生活發生變化，但北京夜生活還是談不到的。到了晚上八九點鐘之後街上人就已經很少了，夏天的夜市大概算是一種的夜生活。但那時開始，消費漸漸熱絡，生活中人們開始講究穿著，開始注重在日常生活中發現樂趣，舞會大概是夜生活的真正的起源，陳建功在小說裏寫過，後來被王蒙反覆提及的北京大學裏的舞會場面是學生在食堂中間跳舞，四周有值班的老工人用電動喇叭高喊「同學們，注意舞姿。」這種舞會我也曾經躬逢其盛。舞會給人的遐想多多，其中的交流方式也有其豐富和曖昧的一面。舞會的興衰在王蒙的《活動變人形》中被寫成了國運興衰的象徵。

　　酒吧、咖啡館之類的空間也就開始出現。這時其實有一個很重要的標誌是

張頤武

北京大學中文系教授、博士生導師。研究領域包括中國當代文學、大眾文化和文化理論。著有《在邊緣處追索》、《從現代性到後現代性》、《思想的蹤跡》等論著多種。

即溶咖啡開始成爲送人的禮品。雀巢和麥氏的聲譽就是那個年代打下的。我們經常看到當時人們拿著大大的咖啡禮盒到處送禮的場景。而洋酒也漸漸開始從香港等地傳到內地，不是吃飯時間的喝酒，開始成爲新的風尙，自然就有了酒吧的需求。

三里屯的出現就是這種社會變化的結果。其實這種都市夜晚聊天的文化逐漸興盛正是一個社會變化的重要的標誌。三里屯到九十年代的極盛時期，正是北京生活開始脫離過去帝都的刻板滯重，一變而爲全球都市的輕盈靈活的標誌。三里屯在九十年代就是北京夜生活的唯一象徵，也是北京活力的幾乎唯一的象徵。各種晚上睡不著或者不想睡或者想不睡的人在這裏遊逛，進入一個個酒吧裏，談天喝酒，其實是非常有趣的。北京酒吧和上海不同，其實有自己的一套和西式文化相區隔的東西。這種東西就是王朔通過他的小說和電影建立起來的那種一點點玩世不恭，一點點機敏和智慧，一點點飽經滄桑的超脫混合的妙語連珠。當年三里屯的文化其實有很深的王朔式的印跡。用來對話的語言是王朔式的，其中最流行的一套文化也是當時最流行的王朔小說帶來的。

王朔最近的《和我們的女兒談話》其實是一部對於自己生活史的綿長而散亂的回憶，三里屯的生活就在他的回憶裏佔據著相當關鍵的位置。仔細看看這本小說裏寫的泡吧故事，其實你還可以做些考證索隱的工作，看看小說裏的某某和現實中的某某之間的關係，其中自然有些是大大有名的人物，他們流連在酒吧之中，有夢想、宣洩和焦慮。他們構成了二十世紀九十年代北京夜生活的某種底色。其實三里屯就是其標誌。其實裏面有某種「銷魂」的東西讓人沉醉。

隨著後海等地的崛起，三里屯漸漸有點衰老，變成了旅行者的觀光地，變成了北京夜生活的展示場，而不是眞正流連的地方了。一個地方如果不是眞正的生活，而是展示某種生活，其實也就難免失魂落魄了。於是，如何還給三里屯它過去的靈魂，讓它在北京的天空下繼續發光，將是未來的挑戰。

我們該怎麼對待三里屯呢？

級問
超訪

我・三里屯・故事

策劃、採訪＋李孟夏　攝影＋AJ

（AJ，自由設計師與攝影師，從事視覺和商業推廣設計）

張揚

職業：電影導演

一九九三年就開始混三里屯了，有一個湖邊的洗車酒吧，北京那時候好像就只有這麼一間酒吧。然後就是在李波的「Jazz Ya」，那基本上也算是三里屯第一家。在一九九六年前後接著有了「白房子」。

突然有一年，我和王耀在街邊，發現猛增了很多酒吧，剛好那年可以往外擺椅子桌子，大概四、五月份的時候，春暖花開春心蕩漾，人特多，我們主要看美女，來來回回把一條街走個兩三趟。

三里屯南街當時只有一個金穀倉，我記得有整整一年，我們在盤一個劇本，和劉奮鬥，王耀等四五個人，我們老去金穀倉，聊劇本，當然也玩鬥地主、升級……

我們一直是和最好玩的酒吧一起遷徙的。北街逐漸不好玩之後，我們就出現在南街，那個壽司店，「隱蔽的樹」、小齊的「芥末坊」都是常去的。「Café Café」和「鄉謠」我們也玩的多，包括有一段時間的愛爾蘭酒吧，算比較火的，後來就是「河」，老是去那邊看「野孩子」他們的現場演出。我們朋友自己在後面還開過一個「蔣酒」，不怎麼對外，都招待朋友，後來旁邊還開了王朔的「王吧」。

對我來說，三里屯的感覺是挺土的，但又挺親，我整個十年都和這條街分不開。我喜歡三里屯酒吧的氛圍，有一種氣質、文化在裏面，真正是一個年輕人的據點。

北京很多的事情都是不可預期的，往往是那些最角落的胡同裏的自發的街區最有生命力和人氣，重新規劃的肯定都變豪華了，我希望它能混雜一些，別特別事兒，別一味的時尚，要有些文化。比如日本有條街，平時是賣電器的，但有特別的日子如週末，它可能封街玩搖滾、作音樂活動，正是那些東西讓街區充滿了不可思議的活力和巨大的吸引力，也帶動了整個社區的健康和諧持續發展。如果讓我說對新的三里屯的期望，那它一定要有特點，能成為北京所有年輕人的中心，二十、三十歲的年輕人晃晃悠悠的聚集在那裏，那就有意思了。

三里屯關鍵字
．．
挺土的，但又挺親
．．

沈清

職業：資深媒體人

一九九六夏到二○○○年，那段時間我住在美國，每年回北京三次，其中一九九九年和二○○○年分別在北京住了三個月和六個月。凡是我在北京的時候，每天都「泡」在「混」在三里屯。我無論如何也不能一本正經地回憶當年的三里屯，因爲與三里屯有關的記憶幾乎都和酒精還有宿醉共枕。

但我還是歸納總結了一下，謂之「三性」：三里屯的唯一性、模糊清晰性和不可複製性。

唯一性：我在三里屯做了許多以前從來沒做過的、之後再也沒有重複過的事情：我不喜歡羊肉卻站在三里屯南街入口處的羊肉串小攤前大啖羊肉串；從不喝啤酒的我卻坐在白夫婦的小店和River之間的地上對瓶喝青島啤酒；喝威士忌，醉到完全不省人事！我還唯一一次體驗了一向被我取笑的所謂的「淡淡的小情緒」——高個子，寬肩膀，運動員的體魄，棱角分明的臉……

模糊性：清晰的是事兒，模糊的是人。
在「芥末坊」的露台吃燒烤，我在那裏的樓梯摔過至少兩次；
在北街路西的「白房子」外面坐著看對面的服裝攤兒和買衣服的人；在路東的德國餐廳「Kebab」坐著看「白房子」和「Bella」裏的人；
白天約人在「Bella」，晚上約人在「蘭桂坊」；白天在「Bella」坐下不出十分鐘就能聚出一大桌子人；
「Dirty Neily」打撞球；
「隱藏的樹」吃批薩餅；
……
這樣一幕一幕的記憶中，令人百思不得其解的是：人呢？我怎麼就想不起來都是和誰在一起吃吃喝喝，懶懶洋洋，通宵跳舞呢？

不可複製性：我在二○○二年回國後就開始不怎麼去三里屯了。九霄關了以後就不再把三里屯當作一個去處了。
那樣一個時間，那樣一種狀態，那樣一個環境……才會有這樣一個地方。

所以我不需要複製一個三里屯給我自己了。

三里屯關鍵字

唯一性、模糊清晰性和不可複製性

黃燎原

職業：藝術工作者

多年前，我整個人都像是長在三里屯的一截木樁子，出生，扎根，成長，開花，結果。我們一群集體混三里屯的混混，混著混著就混成了三里屯的一片森林。

三里屯剛開街的那幾年真好玩兒，好玩兒而且不亂不爛，走過一家家酒吧，碰上的全是熟人，即使有三四個不熟的，可能也是熟人的熟人，再有一兩個真不熟的，見面打個招呼就熟了。那是一個圈子，不小也不大的圈子，和文化有關，特別是和音樂有關，又特別是和搖滾樂和酒吧歌手有關。而如果換一個角度看，好像又主要是和駐京的外國人有關。那時候三里屯是一個「洋」的地方，洋煙和洋酒，洋人和羊肉串，賣花的小姑娘，算命的老神仙，還有畫像拍照的藝術家。人多但不雜亂，繁榮熱烈但不污濁，甚至連擺攤兒賣煙的都有去過國外參加音樂節的經歷，甚至連賣花女的頭兒都有被薩馬蘭奇接見的榮耀。

我有幾家常去的酒吧，特別是Swing。天一擦黑兒，我和我的酒肉朋友或牌友就在Swing集合，開始了從月上西樓到日出東方推杯換盞迎來送往的日常生活。我所有的業務幾乎都是在酒吧裏談的，因為和我談事的人只能在酒吧找到我。我所有的女友都是在酒吧裏認識的，因為只有在酒吧裏我才能見到人。那時的酒吧裏還真能遇見好姑娘，她們都是對美好生活充滿嚮往的美女。三里屯擁擠著各種各樣的機會，擁擠著四面八方的名流，生意興隆，交易頻繁。我們一群混混坐在街頭，看其他的混混穿行，彼此行禮招呼致敬；看美女過往，搭訕示意邀請；成為朋友或兄弟，成為女友甚至愛人。三里屯真是一個花童的世界，不太真實，但卻真的令人神往魂牽。

我們每天都要消耗好幾箱啤酒或好幾瓶洋酒，因為我們的陣容強大，總是從那幾個人歡聚到幾十人，喝到天亮，喝到酩酊，喝到兜裏只剩下打的回家的散碎銀兩。我有很多很好的策劃，就是在三里屯的酒裏完成的，再加上周圍一群混混的補充，和一群跟混混沒什麼兩樣的有理想的投資商……

很久不去三里屯了，那裏發生了很大的變化，但三里屯在我心中，依舊山川秀麗。

三里屯關鍵字

不太真實，但卻令人神往魂牽

左小祖咒

職業：音樂人

　　一九九三年的三里屯沒有酒吧，只有汽車電影院，就在中圖對面，老中圖，不是賣唱片的那個。當時的三里屯，因為是使館區，老外多，我們那些搖滾的東西特別受老外歡迎，那是東村藝術家和西方獵奇者的蜜月期。三里屯火的時候是到了一九九九年，烏泱烏泱來人了。我記得我們《走失的主人》在大陸發唱片演出時，是在「芥末坊」、「鄉謠」、「河」，直到二○○一年還在扛著。當時三里屯就是一特大的沙龍，都是人精，後來變成了交際場，什麼人都在湊熱鬧。那時候我們二十多歲，演出多身體也好，苦苦掙扎自己的事業。印象最深刻的場所不外是：「河」、「芥末坊」、「隱蔽的樹」、「鄉謠」，主要集中在南街，原創文化的牛鬼蛇神都在這邊混，北街都是賣藝的，都是Copy的。

　　想到三里屯，基本上我的腦子裏都是鬥酒玩葉子、亂交的事，舊瓶子亂飛，叭！一個酒瓶子，臉上開花了。還有就是蹭演，借吉他什麼的，很多現在很有名的樂隊都是以前蹭我們的演出的，我們一休息，他們就跑過來說，左小哥哥，讓我演一會兒吧，「蹭演」這個詞就是當時出來的。

　　如果有一個新的三里屯出現，我還是希望像當時的南街，充滿了原始感的，生活的，暴力的，相輔相成的，齷齪的，文化騙子，還要有臥底的員警，大量計程車……

　　我的三里屯時代沒少花錢，喝酒，也沒少惹事。但是肆意而快樂。

三里屯關鍵字

蹭演

碧浪達・浪菲勒

職業：「女」裁縫／易裝女伶／怨曲天后

十五年前開始混跡三里屯，但簡短的開始之後隨即草草收場了。

三里屯是那些追求新奇刺激、涉世不深、淺薄的年輕人喜歡去的地方。在那裏什麼事情都有可能發生，但不見得有趣。這是個給那些企圖得到容易的生活的人幻想的地方。不過，遲早他們會發現這種幻想會破滅的。

碧浪達姐妹直到現在，還經常常出現在深夜時分的三里屯南路某酒吧裏演唱，怨氣沖天，繞梁幾日不絕，對「她們」來說，那是一種治療。

三里屯關鍵字

膚淺、放蕩

健崔

職業：媒體人

一九九七年前後吧，我開始混三里屯。我的初中就在三里屯酒吧街附近，我記得是我上高中的時候才發現，我們學校的食堂已經被改成當時的九霄俱樂部了。我們學校的操場白天是學生做操，晚上是三里屯最大停車場，原來我就是在這樣的環境中度過了花季、雨季。

當年在三里屯可真不嫌累，從北街到南街，再到工體一帶，我們把所有夜場的活動都走了一遍，所以那會寫了小說《走吧》，我們全是用走的，從「88號」出來就去「甲55」，然後去「Orange」摟一眼是哪個日本TECHNO DJ，儘管我都不認識。然後去「藏酷」，當時「藏酷」的音樂還特別好。最後去南街找個小酒吧。使勁玩，不折騰到死不回家。真激動！

我想新三里屯應該能讓大家找回記憶吧，我從十四歲到十九歲一直在混這裏，是我的生活、學習和夜晚遊蕩的地方。好像整天都可以在三里屯，當時喜歡說一個詞，叫「幽魂」，現在覺得土了，當時覺得做一個幽魂就是每天都在這裏，一直到所有人都消失的時候，我們還在玩，都是戰士。

三里屯關鍵字
．．

都是戰士
．．

李振華

職業：皇城藝術館館長

好久不去三里屯了。我的三里屯生涯最早可追溯到一九九五年。當時我在一個酒吧做廚師，我管廚房，那個酒吧叫「北平小屋」，在北街，早就拆了，後來改成客家菜了。二○○○年之後，小屋不做了，我又開了一個「芥子園」畫廊，也半年不到就拆了。但網路上的「芥子園」一直持續到二○○五年。當時比較有意思的是，開「芥子園」的時候，李亨利正開一家叫「白房子」的酒吧，熟起來之後，我就經常做點菜，或者簡單做個三明治，大家一起吃吃喝喝，聊天，感覺三里屯特別有親情，人與人之間關係特別近。當時做酒吧都很理想，不管做什麼類型的，感覺都特親熱，各路朋友，不同類型的，藝術圈的更多，像摩根，栗憲庭，趙亮……路上遇見，一聊天就成了朋友，文化氛圍特別濃，一幫人一旦開聊就一整天不回家。

其實文化是養出來的，我們叫「養大爺」。現在的人都被成功學毒害，挺可怕的。我想明年退休，就做個簡單的人，不再那麼忙，好好看點書，偶爾寫寫稿子，一年做一個好展覽。我算了一下，我的生活成本其實並不高，我不怎麼去活動，不怎麼出門，一個月一千多塊也就夠了，真的，挺爽的。價值觀有很多種，小的時候，十年以前迷戀社交，現在無所謂，吃好的也是吃，吃點樸素的也是一頓，沒什麼區別。現在常被好多東西所困，比如為了工作為了應酬而必須要去買好鞋，而依我的真心想法，一雙回力就很舒服了。

三里屯對我來說永遠有意義，很特別。我記得當時要是三里屯下場大雨，就會像洪水一樣，酒吧的燈還在亮著，倒映在水裏一片。現在的三里屯漂亮了整齊了，但卻找不到這樣的感覺了……我現在會帶幾個朋友去美院那邊，也是特野的地方，特別破，有氛圍的小館子，會想起以前在三里屯吃完了串，再自己下個速食麵，臥倆雞蛋那種味道。

如果給三里屯找幾個關鍵字，我會說：野。

北京就是個比較粗糙的城市，但是現在這已經變得越來越稀有，不那麼粗糙了，沒意思了，不鮮活了。對於新的三里屯我不敢說有什麼期望，但我想它應該要好玩：年輕，野性，魚龍混雜，更加規範，胸襟視野更開闊。

三里屯關鍵字

....

野

....

葉永青

職業：畫家

　　九十年代初，因為要去國外作美術交流，就去三里屯北街上的德國領事館。那時候出國不太容易，所以去領事館排隊的時候總是心慌緊張。有一次，遇到的簽證官是一位二十多歲的金髮姑娘，她好奇地提出要看我的畫，正好我包裹有一個印製得簡單粗糙、勉強還可以算做畫冊的資料冊，就拿給她看。她似乎一下就喜歡上了，還打聽畫的價格，我告訴了她，想不到她又開始和我討論她該訂購哪一幅畫，並一張一張認真地和我討論。我怎麼也沒想到，緊張的簽證竟然變成賣畫，這真令人意外，也是說不出的驚喜……當我走出領館，外面排長隊的人都忐忑不安地看著我，覺得我在裏面這麼長時間肯定遇到麻煩給拒簽了……第二天，栗憲庭帶隊要去德國辦畫展的畫家遭遇到了集體拒簽……到現在我都覺得那次我真是一個「Lucky Man」。

　　當年的三里屯印象肅穆、莊嚴，冷漠和渴望交織，是不可企及的外部世界的象徵；今天的三里屯是人文混雜的產物，它將中國人的激情和外部世界聯繫起來了。

　　如果一個新三里屯出現，我希望一切更理想吧。

三里屯關鍵字
....
混雜
....

楊國偉

職業：自由攝影師

一九九九年就開始在三里屯玩了，直到二〇〇一年四月決定搬到三里屯居住，我就真正的算長在了三里屯。那棟樓是北京第一棟試點樓，房子的各個房間整日都陽光通透，加上我住的是高層，視野特別開闊，正好我來北京的初衷也是因為喜歡北京明朗的陽光。

從二〇〇一年到二〇〇六年，整整五年時間，我以此為據點，工作，生活，並且不停的拍拍拍，朋友給這個家起了個名字叫「1701吃喝俱樂部」。因為是三室一廳的公寓，所以，這五年時間，我前前後後有過八個室友。

那些年經常需要拍攝藝人，地處三里屯的優勢就非常明顯了，隨便找個酒吧都很酷。五年時間，我用廢了兩部相機，大約拍攝了十七萬張照片。直到搬離這個地方，三里屯南街也開始拆遷，我依然會帶著相機，在廢墟中遊蕩，貓貓狗狗，花花草草，一磚一瓦，都是我的拍攝對象。

我總忘不了那些因為失眠而早起的清晨，從我房間看整個三里屯南街的情形，有時候是喧鬧過後的安靜，有時候是莫名的一場鬥毆。黎明，以及星光都非常美麗。看過兩次流星，綠色和紫色的。

三里屯關鍵字
....
啤酒、樂隊、精靈古怪的各色人等
....

三里屯・阿貓阿狗

攝影十楊國偉

（自由設計／攝影師，現居北京）

2007年夏天，流浪在三里屯廢墟中的花貓

三里屯南路一個啤酒店老闆家的小白貓

在三里屯南街偶遇的小狗

三里屯南路一隻悠閒的小狗佔據著街邊長椅

2005年夏天，三里屯南街居民院子裏的貓

申玲 Party動物 / 系列 布面油畫190×180cm 2007年

谁的欲望都市？

文＋Salome Chen

女文青夢未斷，成了一典型的鬱悶的建築師

昨晚機票售罄，今天有公事約會，只好趕火車。清晨五點回到北京，上了出租，司機在聽徐小鳳的老歌：左三年、右三年，伊伊呀呀，道不盡悱惻纏綿。

「想不到才見面/別離又在明天/這一回你去了幾時來/難道又三年。」多少都市女郎有著這樣的心事暗傷？交通越來越發達，世界越來越小，流動越來越快，人與人的距離越來越遠。

夜色深沉，高架路的路燈誘惑行人開下去、開下去，開到天之涯、海之角，也許就是欲望的終點。然而太清醒，知道很快天就亮了，城市仍然是灰色的，人群喧囂如故。欲望？欲望就好像酵母，促使我們膨脹，從而備受擁擠。還是回家吧，哪怕只是鋼筋混凝土的圍護，多少是一種安全感。馮侖把適婚女性歸為一種房產需求壓力，也許我們只是需要一點被保護的溫暖。

這些年無論做金融投資還是設計，都和建築相關。常常技癢，順手替朋友的專案做些方案。一次次築領建屋，零落散布在地圖上，好似一盞盞歸家的燈光。上下游行業做遍，熟知各種壁壘，心中限制也多，常常倍覺艱難。創意只能被激發，自我折磨會讓思維愈加乾澀。沒有好點子的時候索性拋開書本，找出一張Buddha Bar的唱片，營造休閒夜色。輕盈的音樂與Absolute Vodka的芳醇，交織成一個神秘莫測的虛幻世界，在Ibiza島上、在巴黎、在紐約、在上海、在北京，在這全球化的紙醉金迷之中。

Buddha Bar是源於巴黎的一家酒吧，碩大的金佛上揚的唇角究竟是拈花微笑，或者幾許嘲諷與包容未得可知，東西文化的拼貼抓住了消費心理毫無疑問。法國排名第一的音樂工廠Wagram發行的Chill Out音樂唱片Buddha Bar大賣特賣，系列已經出到第八張。什麼是Chill Out音樂？就是咱們這種寂寞、驕傲的都市男女，不耐再去十塊錢一杯假酒，滿是皮膚晶瑩、生活單純的青少年聚集的小酒吧，又不甘獨處，彷徨尋覓的音效氛圍。LED燈光敲擊著光潔的大理石地面，開始講究細節：不再似年少時牛飲劣質酒精，滿面通紅、嘶吼喧囂。紅酒、香檳裏著餐巾躺在銀冰桶裏送上來，價錢翻上五、十倍，買單的人心在滴血卻不可以皺一下眉

頭。Chill Out音樂登場，如吉普賽女人的水晶、外科醫生的麻醉劑，彷彿所有奢靡都有了藉口。冥想、冥想，酒色財氣、如夢幻泡影、如露亦如電；五花馬、千金裘，呼兒將出換美酒，與爾同銷萬古愁。

在北京還沒有聽到過好的Chill Out Music。兩年前，蘇絲黃的姐妹店Inner Affair開幕，猶記珠簾軟閣，以及鬼畫符一般的佛像。別樣的室內設計，音樂卻仍然是常規的House，了無新意。之後生意一直欠佳。也許因為如此，蘇絲黃買下「生於70年代」的場地後，不再求突破，走了曖昧深紅的常規Lounge路線。去夏頗熱鬧的China Doll，在室內設計上下了功夫，總體氛圍、音樂和十多年前的Club並無大區別，頂多更Pop一些。中國與西方的文化從來沒有真正融合過，而北京又是個自尊自大到頑固的首都。哲學思維決定了藝術欣賞、經營定位，Buddha Bar已經落座上海，但要強渡黃河、佔據北國還需時日。北京骨子裏的驕傲、自信，使它缺乏上海的包容能力，卻有遠遠超過上海的創新天賦。Improviser顏峻的水陸觀音，把東方式的理念、元素用現代的、自由的、更受到西方影響的手法進行的極好呈現。類似的藝術氛圍，成就了一家叫做2Kolleagues的酒吧。這也許就是中國的New Age音樂起端。一路醉飲，從六十年代的BOA、舞過八十年代的Rave，在灰色的鋼筋混凝土森林裏，臆想大海、礁石、灌木林、飛鳥與魚。

禮拜六的夜晚，坐在嘉里中心的酒廊，抱著我親愛的筆記本電腦情人。要寫信給你嗎？又何從說起？你約吃飯，我在Q島；等我回來，你又赴J州；甚至來不及機場一見，這方出關，那廂登機。北京越來越不像家，而是一個賣藝的埠頭：衣鬢香影、觥光交錯。責我沉迷夜色，你又何嘗逃得過一場場應酬寒暄。Q島的公寓在海邊，但每日裏早出晚歸，並無憑風聽濤的心境。這次你去非洲，不是抽不出時間送機，但何苦來哉？起居飲食都圍繞著生存自轉，慣性太大，然若不知道沿著哪一道切線飛得無影無蹤。但承諾的人心裏，總會有一些遺憾、一點痕跡，不如就這樣沈默吧、微笑吧。這是誰的欲望都市？不是我的，我不要，卻又離不開。但願歲月靜好、現世安穩，敲打成稿，只有Laptop分擔這場繁華落寞。

申玲 PARTY動物/系列 布面油畫 190×180cm 2007年

我们是如此堕落

文＋棉棉
·····································
出生於七十年代，主要作品有《啦啦啦》、《糖》、
《鹽酸情人》、《社交舞》等

八十年代的時候，我們家附近出現了我生命中的第一家超級市場。那時吃一塊鮮奶蛋糕可以直接決定我們的生活方式。到了九十年代的時候，滿大街已經開始布滿了鼓勵大家消費的文字。到了本世紀，我們已經開始穿上了「資產階級的」衣服，參加「資產階級的」Party，喝著「資產階級的」香檳，試圖理解「資產階級的」娛樂。無論從物質還是從精神上，大家都想迅速縮短跟「富人」之間的距離。所有的人都想盡最大可能地享受，彷彿只有這樣才能接近生活的真相。

我寫過一個小說叫《你的黑夜，我的白天》，那裏面的男主人公是一個地下賭場的保安，有一天他偷走了賭場六十萬。他很快花完了這六十萬並死在了黑社會的槍口下。小說的結尾，一個賣假護照的女孩說：他犯的最大的錯誤是，他忘了自己是個窮人，他並不知道六十萬其實是很容易花完的。

我們的消費是超前的。因為全社會都在提倡提前消費。資產階級和無產階級、窮人和富人並不是對立的。關鍵問題是：「到底怎麼才是最恰當的。我們到底需要多少？」

貪婪，虛榮，脆弱直接導致我們經常找各種理由來進行消費。但那並不能治癒我們的憂鬱。每一次去參加文學藝術成功人士的聚會，飯桌上總是有沒完沒了的肉。我們喝酒吃肉，慶祝我們的富有。我們聚會的門外，總是像一個高級汽車展。

我的一個好朋友特別有錢，對朋友也特別好，但是為他工作的保母病了一個星期，五十塊錢他都要扣。他說沒錯，棉棉，保母在你家是新社會，在我家就是舊社會。因為她是我的雇員，我們之間就是雇主和雇員的關係。

我不是一個富人。儘管所有的人都認為我肯定很有錢。但事實上我總是沒錢，而且我特別不會安排我的錢，我的錢總是一眨眼就沒有了。所以，我是沒有辦法說清楚到底怎麼消費才是最合理。

但我想起碼有兩點是非常重要的。

一是我們要有慈悲心。無論對誰，保母、服務員、計程車司機或者那些我們根本不認識的人。我們在消費的時候不要跟這些人算得那麼清楚。也不要對他們傲慢。所有的人都想避免痛苦，從這點上來說，所有的人都是平等的。我們並不是那麼高級的人類，我們此生的富有和「成功」只是我們的福報，但福報是會花完的。我們不可以傲慢，因為我們可能什麼都不知道。而面對比我們富有的人，我們也不要自卑。善良和愛讓人高貴，絕對沒有其他第三種東西令人更高貴了。

有一段時間，我每天在臨危醫院陪伴那些即將去世的人們，我看到一些人很恐懼，一些人很憤怒，大部分的臉上已經沒有了恐懼，大多都是絕望和徹底的無助。那裏幾乎每天都有人去世，那個醫院就像一個從生到死的飛機場。我清楚地看到，無論你曾經是誰，無論你曾經擁有多少，無論你曾經多麼不在乎死亡，在死亡來臨的時候，所有的人都強烈地渴望光明，而光明是非物質的。看到做人的苦，不應該因此而「今朝有酒今朝醉」，而是應該慈悲，幫助別人，幫助所有能帶來光明的事業。其實這也是一種消費，在每一大筆消費的同時也起碼應該有一筆這種行善的消費。

第二點是我們的生活要簡約簡約更簡約。其實我們是不需要買房子的，為什麼要買房子呢？其實我們是不需要買那麼好的車的，為什麼要花那麼多錢買車呢？其實我們是不需要在家裏放那麼多名畫的。可能每一個房間有一幅就已經足夠了，而且我們最好可以確定那幅畫是我們真的喜歡的。

可能我們還是需要把皮膚保養得很好，但衣服就不需要那麼多了吧？其實最漂亮的衣服是我們臉上的從容和快樂。當然我這麼說，其實我還是整天在擔心自己沒合適的衣服穿。不過，我一直覺得穿著很貴的衣服出門是很尷尬的一件事情。反正我的家現在是最簡單的，牆上沒有任何東西。

現在是黃昏，樓下的街道到處都是消費的味道。唱機裏正放著「野孩子」的歌，他們真的讓我感動得流淚，願我能安詳如他們：
你們的自由消失在你們的房間裏
你們的愛情消失在你們的懷抱裏

好朋友們畫展的開幕式越來越像黑社會老大的婚禮了。而藝術對我們來說，應該是讓生存變得更為可能，讓愛變得更加可以愛，不是嗎？

我們是如此墮落！

申玲 PARTY 物/系列 布面油 190×180cm 2007年

没有前戏的城市

文＋蘇絲黃
專欄作家

　　既然你在這個城市已經安然居住下來，不想到美麗而寂寞的歐洲優雅地等死，你就得接受：每天早晨八點，拉開簾子看看窗外，天空還是像世界末日，難得有清澄的驚喜。洗洗涮涮出門，想著一堆要還的債，和別人要還你的債。一天下來，衣角也皺了，臉上有土有油，就是難得有喜色和從容之色。到了家裏，還有人要催你連夜趕稿子……

　　北京其實沒有多少欲望可言，有的更多是對欲望的述說和模仿。精緻的感官享受總是至少要打半折妥協——雪白的裘皮大衣領一天就髒了，看似奢華的餐館雪白的桌布下蓋的是油漬斑駁的貼塑方桌，而廁所裏的斑駁令人不敢睜眼，走在路上被汽車喇叭和垃圾桶臭氣追逼，坐在咖啡館裏被俗氣可怕的音樂壓迫，到了商場裏看貨而不買要忍受售貨員的勢利眼，文化人藝術家們在一起最愛談論女人、權力和錢，但是他們通常一樣也得不到。那些得到了它們的人，又只會用最單調的、量化的方式來消費它們——人頭馬十瓶十瓶地開，法國葡萄酒拿來一大杯一大杯地乾，喝到全部吐出來；性是數量，而不是結合豐富微妙魅力的經歷；權力是用來踐踏規則，而不是為了用來做些好事。你看人們如何炫耀他們的所有，便知道這是個黑洞一樣的城市：它許諾的是一個大漏洞，裏頭什麼也沒有，就像物價上漲之後的干鍋居裏頭的干鍋，裏面越來越找不到雞肉了，挑了很久，只見一些剁碎的雞爪子，和很奇怪的、不知道來自雞身體哪一部分的骨頭。

　　可是一個普通人，只能在什麼地方吃什麼飯，讓自己守住元神就很幸運。有個朋友說，他討厭在公共場所看書用電腦，覺得那樣很裝樣，結果就是：當他家樓上連續裝修一個月的時候，他每天只能在家裏縮著脖子，忍受劇烈的噪音帶來的頭疼——可憐的，但是誰讓他那麼在意咖啡館裏的陌生人對他的看法呢……多少人從單調的集體主義社會一下子過渡到所謂的多元化社會裏，還受著過去的束縛，不能享受新的、最基本的自由。另一個已經很出名的朋友，第一次邀請我去一個詩歌朗誦會的時候，忸怩得像個中學生，因為愛好詩歌已經變得讓人難以啟齒了，除非你用詩歌來耍流氓，寫下半身什麼的。

　　酒席間倒是常常談論性的，黃段子，滑稽古怪的、小男孩般惡意的，或者粗暴放蕩的，彷彿不把性的微妙樂趣用此類言辭糟蹋乾淨，捅破揉碎，就沒有盡到熱情賓主之誼，雙方都要不好意思的。

　　當城市文明發展到一定階段，大家就會發現，所有的欲望，如果沒有長的、好的前戲伴隨，滿足的程度總是很低。而這個時候的這個城市，完全沒有前戲，大家好像也並不在乎，一丁點轉瞬即逝的高潮，就讓很多人滿足了。想多要一點，當你是怪物呢。自稱是欲望都市，其實還只是略微變異的田園夢想而已。

申玲 Party動物／系列 布面油畫190×180cm 2007年

午夜怨曲

文＋碧浪達・浪菲勒
．．．．．．．．．．．．．．．．．．．．．．．．．．
「女」裁縫／易裝女伶／怨曲天后

周二晚上，我唱完了開場的第一節，從台上下來準備去換件行頭。為了讓身材看起來更加消瘦些，我已經一連幾個星期沒吃過什麼了，剛剛台上接連的幾段怨曲唱下來，只有自己很清楚此刻的我有多虛弱。Sam Lee跑過來揪住我說要拍照的時候，我又是一陣的恍惚。鎂光燈劈裏啪啦的一陣爆閃，眼前早已蒼白一片。我在鏡頭前拚命撐著身子，擺出一幅大牌超模的架勢，而此時周邊圍觀的人們在我眼裏卻是一陣又一陣忽遠忽近地飄渺起來……

那天下午，Sam Lee在電話裏說當晚要帶些朋友去看我的演出。幾年前他看過我的演出之後說，總有一天我會紅起來的。那之後他總會不時地帶了他的朋友來捧場，並向他周邊的各種媒體、藝術圈努力的推介。可惜我實在不是塊可以紅起來的材料。幾年的功夫一轉眼就過去了，儘管眼見沒什麼可以走紅的跡象，可只要有機會，他還是盡力對我進行推廣性的宣傳。他問我當晚的演出是否如常進行，我說：我病得很重……不演我會死的。他笑。

通常晚上九點半的演出我們總會遲些。當我最後把一顆黑痣畫到左臉最醒目的位置上時——我們把它叫做「畫皮」的階段，化妝就算完成了。然後我會鑽到每天不同的華麗袍子裏去，踩上如同板凳般足有二十公分高的高跟鞋，再扣上一頭蓬亂的波浪假髮，最後對著鏡子裏的另一個自己滿足地看上幾眼，點上支煙，轉身到台上去開始「治療」了。

我裝扮好了下樓，剛剛還是空蕩的場子裏已經座無虛席了。看客當中有些是來獵奇觀光，來看傳說中的「病人」，有些是偶然趕上這麼一幕，還有些是每場必到的熟人。在我眼裏大家都是些病人，就像在大部分人眼裏我是個患有嚴重易裝癖的同性戀患者一樣，大部分人都是些異性戀患者。

我正撩了裙角走上台去的時候，忽然聽到身後越來越嘈雜，越來越失控的議論聲，雖然背對觀眾，可我還是可以清楚地感受到在我身後的指指點點。我早就習慣了這種場景，於是就刻意放慢了腳步以及我身上可以被人看到的一切舉動，好像要讓

這個瞬間凝固，讓眼前的這一切都刻在看客們的眼裏一樣。無論他們嘴裏說的是褒是貶，心裏是愛是恨，是憎惡還是嫉妒。

琴聲響起，我把手裏的煙頭狠恨地吸上兩口，然後緩緩地轉過身，半倚在琴旁，面無表情地環顧著台下在看客們臉上劃過的種種神情。當我用最平淡又略帶蒼涼的聲音唱出第一聲怨曲的時候，紛亂的台下轉瞬變得安靜下來，好像這世界只剩下我和那一段段漂浮在空中的怨曲了。

我唱完了第二節放蕩的三十年代，下台休息的當口，看客們大多已是酒過三巡醉意微醺了。有些半生不熟的客人們也放下端緊的架子放縱地對我打著招呼，要求拍照合影、擁抱、碰杯什麼的，也許當他們清醒後就完全記不清夜裏的情形了。這時候，男人們似乎很願意把我當作一個真正女人，點煙，斟酒；而女人們則表面上把我當作姐妹推心置腹，我知道，當她們轉過身，背地裏又會把我當作一個敗德的話題竊竊議論。而我就索性把台上那股浪勁兒搬到台下，變本加厲地一路放蕩下去。

那天晚上，又是在嫉妒悲情的怨曲裏結束了我對自己的「治療」性演出。Sam Lee問我關於三里屯有什麼故事嗎？我說沒有，可轉念一想又說到，讓我回去編個故事吧。

關於三里屯，讓我印象最深的應該是上小學時的學農勞動了。我記得那時候每天都會有碧藍碧藍的天，我的家住在地安門附近的一條胡同裏頭。每逢六月裏麥子收割的季節，學校的老師總會帶著幾個班的學生到割過的麥田裏去拾麥穗。我們要從地安門沿著現在的平安大街步行到當年還是大片大片麥田的三里屯。後來，三里屯變成了掛著各種招牌的各種鋪子，交易著所有可以交易的一切東西。街道對面新蓋起來越來越多的樓宇就像是從地底下冒出來似的，住在裏面的人大多不是從前住在這一帶的人了……

不知道多年以後這裏還會有什麼樣的改變，也許，那時候我已經變得很紅很紅了……

申玲 Party動物／系列 布面油畫190×180cm 2007年

人人头上一朵花

文＋曹鷹

左手拍照，右手寫字，眼高手不低，雙腳踏在
北京城市文化的屎尖尖上

現在，即使你不是楊二，你頭上也可以戴花，雖然你在別人看來也只是個藍色的小光頭，這代表你又有些新的什麼要自覺的暴露給大家，不管你怎麼解釋與看待，明裏暗裏你還是想把小小的一些隱私小小的宣洩與暴露著，我一直在想，究竟是什麼樣的群體意識或者群體無意識，才能讓這黃花如豐收的油菜地一樣燦爛而妖媚的莫名。

現在，新認識某某的時候除了例行的寒暄留電話之外，最後一句基本都是：「你有MSN嗎？」對方如果說有，立碼就跟找到組織了似的鬆一口氣。回到電腦前立刻添加，發個圖示問候下先。幹活的時候也從上不了網就會坐立不安，到了只要上不了線就極端抓狂的程度。什麼也幹不下去，一次次地試著修復，不厭其煩地看著小藍人綠人一圈圈地轉，直到出現「今日焦點」之後才能踏實下來，然後該幹嘛幹嘛。找人的時候更是能在MSN上抓到最好，抓不到也會選擇留言，最最後實在沒轍了才會考慮打個電話。而拜託某人幫助聯繫誰的時候，得到的答覆越來越多的也是「他這兩天不線上啊」……

現在，讓我非常奇怪的在於，這個以小禿頭為形象的即時消息系統並不是第一個也不是惟一的一個，但是為什麼大家對它的依賴性會如此之高。找人、聯繫事兒、傳檔圖片，更不用說MSN列表上越來越多頂著小花兒的腦袋下若隱若現的小小心裏話……對於我來說，MSN與其他系統相比，最大的吸引力應該在於它較為冷靜但不乏可愛活躍的介面，還有就是相對私密的添加聯繫人方式，相比起QQ等來講，用俗話說就是更「洋」一點，如果換作流行語來講，可能就是更小資一點，也相對會更加有安全感。

不過話說回來了，如果僅僅只是視覺上帶來的不同享受和看似不被打擾的心理安慰就導致如此一邊倒的偏愛，應該也不合常理。單從名字來說，MSN可以一目了然地瞭解到所有列表中是朋友不是朋友的時下想法和狀態的變化，就憑這一點就可以多出來多少話題和聊天的藉口。有可能實際生活中連面兒都沒見過的兩個人，完全可以通過MSN變得迅速熟絡得跟發小兒似的。如果對方是客戶，說不定還能只憑某一天的名字聊得投機而讓手頭兒的活也大大改觀。而MSN SPACE能控制點擊的空間比起公共網站的BLOG來說也有著更好的私密性，就算是完全的自說自話也不用考慮太多影響，表達欲實現的同時又可能被人關注，何樂而不為呢。而作為看客來講，點擊小花的時候懷著暗暗的期待、緊張和興奮，更是能讓小小的窺私欲加以釋放。

往好的方面說，在溝通越來越小心翼翼的今天，MSN給了我們一個相對可以「我想說就說，你愛看你看，反正我不知道」的可能空間，而平時難得出口的話在螢幕後面也能相對變得肆無忌憚起來。就像你如果聽到誰的螢幕前有動漫傳情裏KISS的聲音發出來，那不一定代表什麼。反之，正因為在螢幕前誰都看不見誰，沒有了語氣和表情，各有各的文字輸入習慣和表達方法，讓它在溝通便利的同時也產生了自己獨特的障礙。比如說，某個人的多數文字是用圖示來顯示的、某個人經常用省略號、某個人打招呼的方式是閃屏振動等等，對方此時的理解未必就是你的初衷，且你還沒有解釋的機會。時間長了，你列表中的人就已經被在潛意識裏劃清界限了，而原因可能只不過是他過多或更少的使用了某個圖示或某個標點。

現在，在一個渴望溝通也渴望過多暴露隱私，渴望窺視別人又怕離得太近喪失空間的年代，MSN獨有的曖昧性恰到好處地順應了要求，即不要太直接又不要不直接，比平時多一點點，又要有迴旋的自由和餘地。大家都在且愛且狠的用著它，聊天的人多了，那就趕緊變成隱身；而深夜睡不著的時候又盼著亮著的小腦袋多一點點。

使用MSN是一種習慣，而與列表中最少一百來人共同擁有一種習慣無疑是件複雜的事兒，而由此產生的種種情緒和小事件也就不足為奇了。有個朋友曾經在快下班的時候無聊地群發「你請我吃飯吧」，回答自然五花八門，當時可能心情起伏的對話，過後再看，卻不乏會心一笑。MSN就像它能帶來的這樣，太在乎了不行，太遠了又失去了意義。恰好在寫這篇東西的時候無意中看到正線上的兩個朋友的MSN名字，一個是「MSN絕對是曖昧的溫床」，另一個是「別的女人用文字思考也就算了她竟然用MSN思考」。不論是出於何種情緒，但是我還是得說，他們說的意思，我懂。

我＋愛＋北京十三里屯

申玲 Party動物／系列 布面油畫190×180cm 2007年

冷与热

文＋申玲
. . . .
畫家，生於六十年代，畢業於中央美院

位於金融街的Lane Crawford開業了，一如所有事物的亮相一樣，都免不了要熱鬧一番。二○○七年十月二十七日晚，星期六，我與小妹妹繞了半個北京城也來湊個熱鬧。

找個空停好車，抬頭一看，巨大的燈箱裏名模們閃爍著亮唇，電眼。大廈的入口處一字排開長長的鏡子，每塊細長的鏡子後面立有一個帥哥，像長龍一般延伸開去，因為地上鋪的是黑色地毯，在鏡子裏投射出的帥哥們乍看還真有點黑手黨的意思。我們在門口被驗明身分蓋章後放行，踩在黑洞洞的地毯上，眼前是從四面八方射出的燈光，恍惚覺得被無數雙躲在鏡子後面的眼睛窺視。餘光瞟一下那身邊的帥哥，全無黑手黨的冷峻，臉上泛著稚嫩的學生氣。

接下來是第二道、第三道關，由黑漸明，由靜漸鬧，瞬間彷彿置身於紐約的名利場。人頭攢動，鮮花美酒在透明的樓層中散發著幽香。雖然外面已是北京的深秋，冷風颼颼的吹，可這裏分明是桃花盛開的杏花村。女人們袒露著香肩肥乳，在肩頸上隨意搭著各種皮毛，刻意裝修過的臉完美得無可挑剔，舉手投足都那麼的謹慎，那麼的嬌情。來賓大多手持香檳，如魚兒般在人群中穿梭，不時地伸出手，有節制地寒暄，與遠處的目光相遇時，輕輕揚起手臂點頭示意。跟誰打招呼，與誰攀談，被誰介紹，這名利場的淺規則暗藏在每個人的眼裏。

我喜歡觀察或說是更欣賞這種高水準的較量，因為在這個獨特的物境裏，每個人都努力示好。女人婀娜多姿，男人風度翩翩，因為錢、因為物在這一晚是如此的眩目。不光來賓們是穿金戴銀，手包、手飾、鞋子服裝等價值不菲，就是陳列品，各大品牌雲集呈現在眼前的也是巨大的誘惑。他們是那麼的賞心悅目，無可挑剔，獨一無二。在舒緩優雅的音樂中，聞著花香與女人散發出的體香，含著紳士們頻頻遞到手的香檳，選一款可愛的迷你巧克力，你所處的任何一個角落，都有燈光追隨著你，所有這些都為你營造出一種氛圍，那就是錢，就是要你花錢，因為一切為你打造，因為你值得擁有。

香檳沒喝，因為得開車，巧克力吃一塊很後悔，不如拿在手裏看，香氣過濃一時還難以適應。正好有朋友提議我們換場，說那邊是化妝舞會，一年一次，很難得的，特別精彩，好吧，奔下一地兒。

夜裏下起了雨，而且越下越大。心裏想這個鬼天氣，誰還跑去玩呀，打車都打不到。因為已是深夜，路上已經沒有什麼行人了，除了幾輛急馳而過的車。我們像瘋子似地在大雨裏穿過大街繞過小巷，積水的路面被車輪碾壓起高高的水簾，蓋住半條馬路。透過雨霧濛濛的車窗，我們小心地辨認著方向，約半個小時後我們總算找對了地方。因為雨，車直接開到地庫，剛停下，就見邊上車裏下來紅紅綠綠一群人。

走在前面的是個穿豹紋三點的靚女，頭戴大牛仔帽，腳上踩著整跟高起來的涼鞋，三角褲緊緊的包裹著屁股，無奈多一半露在外面，白白的，慌得看車場的幾位大叔大爺連連驚呼，毫不避諱地死盯著看。走在她身後的是一個黑公雞打扮的女孩，頭上身上都是黑黑的羽毛，尤其屁股上的毛穿插了一些白色的，高高撅起很迷惑人。緊跟她身後的是一個米老鼠打扮的女孩，她把臉染成黑黝黝的，黑點紅點在小泡泡裙上特別顯眼，蕾絲的手套和襪子是白色的，裙子棉棉的短短剛好擋住小屁股。她細長的身材走起來一扭一扭，活脫脫一個小精靈。

往下的情景可是目不暇給了。壅堵的入口處像是準備上場走秀的後台。一個性感小護士出現了，又一個性感小護士，看來護士服大受歡迎。接著，是兩位著性虐待裝的男女，一位戴墨鏡的黑手黨，一位著北京保安服的洋妞，一群全副武裝的特工，一位背著礦泉水大桶的潛水夫，一位全身塗成藍色的外星人，一位戴著又大又長生殖器的金髮美女……和著強裂震撼的音樂，人們盡情的陶醉舞動，這一刻，看著眼前的一切，我分不清是在哪裏，也搞不懂是在哪個地方，各色人種混雜在一起，在酒精的作用下，每個人都開心地大笑著，投入地擺個造型任你拍照。正像身邊的一位好友說的那樣，我們是多麼健康的一群人啊，我們就是愛美，就是願意把自己秀給別人看。

這一刻，耳朵是滿滿的，眼裏是滿滿的，被笑聲、笑臉塞滿。這一夜在冷與熱之間，靜與動之間穿過，我不能說高貴的就是虛偽的，冷漠的，而大眾的就是真實的，熱烈的。但有一點是顯而易見的，在一片黑暗中，在令人眩目的燈光中，在瘋狂的音樂帶動下，人人都是上帝，人人都是主角，盡情的釋放，盡情的秀是他們唯一想做的事。在眼前如波濤般起舞的人群中，我感受到了生命的魅力。

三里屯・雜七雜八

攝影＋楊國偉

（自由設計／攝影師，現居北京）

2006年。堆積成川的空酒瓶，紀錄了三里屯酒吧街的輝煌

愛爾蘭酒吧牆壁上的塗鴉，被拆掉後倔強地佇立在一片廢墟中

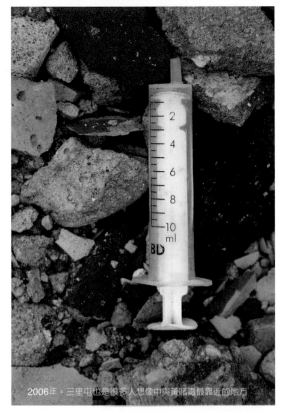

2006年。三里屯也是很多人想像中與黃賭毒最靠近的地方

欲望消退之後的殘骸，拍於2006年夏天

三里屯十字路口旁，廢棄的居民樓房間景象。2007年秋天

2005年。三里屯南路燈箱牌

2007年。三里屯酒吧街的啤酒杯建築

2006年。三里屯酒吧街最重要的標誌

2006年。啤酒杯狀的小賣部，黃綠的顏色惹人矚目

法雨俱樂部，碧浪達姐妹經常在每週二獻唱。2006年

九霄妖嬈的牆面裝飾，2004年

三里屯南街水果攤上雨棚反映在燈泡上的奇妙圖案。2006年

三里屯居民樓中,舊的易拉罐被改造成電視天線。2006年

攝影＋黃偉

北京現在的變化像是F1賽車，閃過一個轉角，你觀看的速度就遠遠落後了

That's Beijing! 這就是北京

文＋李茶

台灣儂儂雜誌社社長…………

北京，轉速與地球不同
（它的呼吸特急促）

「北京，變得這麼快，二十年的工夫，她已經成為一個現代化的城市，我幾乎從中找不到任何記憶裏的東西。事實上，這種變化已破壞了我的記憶，我分不清幻覺與真實。」這是導演姜文在《陽光燦爛的日子》的開場白。這部以文革為背景的電影，描繪的是一九六六年的北京，一九六六年後的二十年，是一九八六年，八六年的北京，對姜文來說，已經變成了一個現代化的城市。

《北京三部曲》的導演寧瀛卻說，八十年代的變化還不是特別大，九十年代是北京變化最快的時間。現在是二○○七年，又一個二十年，所有人都說，北京現在的變化像是F1賽車，閃過一個轉角，你觀看的速度就遠遠落後了。

從清末開始，北京似乎就沒有停止過變動，作為十三億人口的首都，面對的是全世界與跨時代的凝視與關注，在天安門廣場亂喊一聲，可能也不過弄出十三億分之一乏人問津的聲響，卻也可能被放大到全世界直播的新聞上。

在北京，你可以同時感受到自己的渺小與偉大。

北京，在世界矚目的屋簷下
（它讓中國政府有些難管）

從改革開放以來，上海拚了命的努力建設與發展，高樓林立，經濟蓬勃，只要有錢就賺。可是北京，卻以一派北方大爺的姿態，或者像是八旗皇族的悠然，只不過靠四個建案就大勝上海，贏得全世界的焦點。從現在俗稱「大碗蓋」或北京巨蛋的北京國家大劇院開始，接著是作為奧運主場館的「鳥巢」、創新建材的「水立方」、然後是普利茲獎得主荷蘭建築師Rem Koolhass的「中央電視台」CCTV，當然，也有人加上Steven Hall的「現代MOMA」。

上海在建築上花了二十年的努力，北京只在奧運前夕靠幾個建案就遠遠超越了。上海人忿忿不平，高呼為什麼？其實沒有為什麼，因為它是北京。

Hans Hollein，普利茲獎得主，維也納建築師，曾經參與北京國家大劇院競圖卻鎩羽而歸，競圖偕同設計者陳光雄表示：「北京的一個案子，吸引來的絕對是全世界最頂尖的設計師，誰都想在這最受矚目的新舞台陳列自己的作品。」

生長在北京胡同裏的新銳建築師馬岩松說：「北京總得要些建築來表現自己往國際化發展的決心。」

北京有決心，北京能吸引來想成名的新建築師，能邀請來已經成名的老建築師，北京敢用上海不敢用的圖，北京的建築敢作怪，北京的預算撥得夠牛。北京靠世界級的建築師展現自己的國際化，大建築師們靠北京奠定自己能在世界首都輪番上陣不熄燈。在東方，捨北京其誰？

北京不是中國的一部份，北京是屬於全世界梟雄的戰場，誰都擋不住各種膚色語系的精英在這裏伸手涉足，二十世紀終結時刻，北京申奧成功，此後事事都被世界檢閱，人人都往北京看。二十一世紀的北京，恐怕連中國政府都不好管。政府想管？在全世界的目光下，打個噴嚏都得挑CNN不在現場的時候，你還能怎麼管？

在北京蓋的房子，屋簷下上演的是全世界都等著瞧的故事。

北京，是波希米亞中國的母親
（也是十三億人與怪胎們的首都）

　　北京有衝突，北京很矛盾，北京大學建築學研究中心講師王暉說：「北京有很久的傳統，是歷史留下來的一個城市。以前中國的農業社會國家，現在在國際化的前提下，有更多的經濟系統造成北京的變化，這些變化是阻擋不住的。」

　　造成北京變化的，除了國際化與經濟系統外，二〇〇三年寫下《波希米亞北京》的作家陳冠中眼中，還有一個元素，那就是「京漂」。「京漂」不是一種候鳥，京漂像是漂鳥，他不打算回頭了。這群漂到北京的文人與藝術家，創造出與京派、京味的老北京截然不同的新北京文化。

　　一九七六年，十年文革正式告終，八十年代知識份子陸續的開始活絡起來，而在文革時經歷著衝擊的那一輩，終於在九十年代擺脫恐懼，勇於反映自我。九十年代的北京，政治、文化，與經濟上，一同風起雲湧的改變著。

　　從八十年代的音樂與電影，諸如崔健與第五代導演張藝謀、陳凱歌開始，新北京的文化形狀日益鮮明，九十年代初期，藝術家開始聚集在圓明園一帶，主動形成圓明園畫家村，一九八九年學運使得這波新北京文化塑形史劃下了短暫的休止符，到了一九九二年，京漂文化再次活躍起來。九七年後，三里屯興起，酒吧與咖啡廳的活絡更明顯塑造出屬於北京式的波希米亞生活。

　　「北京有太多邊緣人，邊緣人製造了波希米亞的氣氛，這些人沒有別的選擇，只能到北京，所有的人在其他地方，都像是怪人，心情鬱悶，活不下去，旁人無法理解他們想要的生活，因此他們的下一站，只能到北京。」對於新北京文化的特殊現象，使用「京漂」一詞的陳冠中，做出這樣的解釋。

　　這些漂流到北京的藝術家，似乎在這看不見邊際的首都找到生活的空間，在北京，沒錢也能活下去。北京作為怪胎們的母親，自有其溫柔的一面。

北京，最新最大的機會供給地
（也是最無情的夢想墳場）

　　岳敏君，一九六二年出生，十年前誰認識他？別說十年了，五年前誰認識？可是今年年初在香港佳士德拍賣會上，他的一幅《畫家與他的朋友們》以二千萬港幣（合台幣約八千八百萬元）成交，轟動的何止香港或北京？二十世紀一結束，北京的藝術市場就躍奔新世紀的世界舞台，國際藝術品拍賣會上，人稱中國當代藝術「四大天王」的張曉剛、岳敏君、方力鈞，以及王廣義，每每小槌鏗鏘定案，拍賣會上複誦的價格總讓在缺水沒電的胡同中生活的藝術家們，充滿了對未來的無限夢想與期待。

　　到北京工作的日本演員矢野浩二說，也許這輩子就不回日本了。二〇〇〇年時，因為拍攝《永恆的戀人》而到北京短期工作的他，像是發現了自己的第二個故鄉一樣，深深的被這裏的機會與人情味吸引。「在東京非常緊張，人與人之間不太講話，可是在北京，誰都願意與人聊天。」到中國不過五、六年的光景，矢野浩二說得一口流利的京片子，雖然在北京的日本人多達十幾萬人，但是矢野浩二的朋友，卻百分之九十五都是中國人。

　　「我在日本，都沒有好的工作機會，可是我到北京之後，演出機會多了，

角色也豐富，而日本也開始慢慢注意我，NHK上個月來做北京專題，還特別報導了我在北京的發展。」矢野浩二，他在演藝生涯上的敬業與努力，在北京被放大到了東京去。

在中國其他城市成功的，都不見得能在北京有一席之地，但是在北京成功的，絕對會在全世界都同步翻譯。北京創造了太多奇蹟，只是誰都沒提有更多奇蹟之外那些從外地來做生意搞文藝的，在北京奔波多年後，最後也在此埋葬了自己的夢想。想在首都出頭天？你還真得有本事有運氣有關係。

現在，誰都想跟北京掛上鉤，英國女歌手凱特·馬露（Katie Melua）的新歌《Nine Million Bicycle in Beijing》中，不就唱著嗎：「人說北京有九百萬輛腳踏車，這是事實，誰也不能否認，就像我愛你一樣真。」北京有多少輛腳踏車跟誰愛誰有啥關係？沒關係，重點是扯上北京，這首歌就夠牛！

北京，在衝突中和諧著
（紅牆綠瓦，貧富貴賤，無一不對比）

北京作家老舍說：「在滿清的末幾十年，旗人的生活好像除了吃漢人所供給的米，與花漢人貢獻的銀子而外，整天整年地都消磨在生活藝術中。」作家章詒和在《往事並不如煙》中也說，北京就是養出一幫什麼也不會的爺兒，但他們卻造就了最無可取代的藝術。養魚遛鳥鬥蟋蟀兒，千萬別以為這是電影《末代皇帝》中才有的情節，走到僅存的胡同或四合院裏，哪裡都能看到老爺子湊夥子下棋拌嘴票戲。

北京人，真閑。

外企大量設立，媒體突然暴增，什麼樣的雜誌不進台灣不進香港，卻都肯進京。連非英語系的小建築雜誌都認為在北京有機會，北京大嘛，房子蓋得多，哪裏都在動工，長房子的速度是世界第一。到處都堵車修路，高速建不完，一環一環往外張，路上誰都趕著東邊往西邊，西邊上東邊去，好像你一晃神，就要錯過什麼似的，每個人走得都特急。

北京人，真忙。

林語堂筆下的《京華煙雲》肯定跟老舍的《駱駝祥子》講的不是同一個北京的故事，上海作家王安憶在她的文章《上海味和北京味》說：「北京，這個城市很清楚地劃分為兩個世界，一個是平民的，一個是官僚貴族的。」清朝當然結束了，不過皇城的故事卻總是在各種不同尺寸的螢幕上演，京城的規矩只要四合院還沒拆盡，它就得長幼有序、主次分明。北京有溫柔的一面，卻也有充滿威儀的一面，北京人愛聊天很親切，但只要一開始聊，你就會發現他與你自動拉開距離。

那個距離是來自北京城兩千年的靈魂，任由誰都能跟你說上幾句你搞不清楚的老歷史。

舉個例子吧，說起北京這塵土飛揚的建設與拆掉的老城牆，任誰都會跟你講到梁思成規劃的北京城，順帶再談談他老子與老子的朋友，還有他們幹過的那些大小事兒，說得好像他家鄰里似的。

北京，新的舊的，該建的該拆的，該記得的該遺忘的，該說的不該說的，它當然有衝突有矛盾，不過北京自有其解決之道，那個解決之道就是：不解決。

一

　　我匆忙趕上晚上近十點從蘇州開往上海的和諧號。甫坐下，氣喘定，準備吃我的肯德基。而後發現，在我正要完成最後一隻新奧爾良雞翅之時，列車已駛到上海。通道上的電子標版顯示（一直像磁懸浮列車般標示著車速），外面氣溫30度。

　　同樣悶熱的夏夜，我記得。那是大約二十年前，我同樣凌晨時分從蘇州到達上海。

　　對於大部分香港人而言，未經歷過國內的擠火車經驗，還未算見識過祖國民生，那是成長階段的首趟文化衝擊。你像跟活在另一個時空的朋友在火車相遇，硬座，你望著對座的一家人，對方望著你的速食麵。隔一條羅湖橋，已是兩個世界。

二

　　過了羅湖橋，第一件要做的，是兌換黑市人民幣。無論是外匯券還是港元，都拿到一個比市價更高的價錢。

　　那是一九八六年，第一次遠程大旅行是從深圳到漢口再沿水路轉到華東諸城。列車在黑不見底的野外，悶熱的天，窗開得大大，停了好幾次。耳筒中播著達明一派的《一個人在途上》。是香港樂壇的另一種聲音。

三

　　大概同一個時段，另一種音樂聲音在北京悄悄響起。中國有了自己的搖滾。中國的第一代搖滾像長征。遠在香港，樂隊夾Band的風氣一時無兩。

四

　　我是一九八八年的聖誕前第一次到北京，爲一份音樂雜誌做一個中國搖滾新音樂的探訪。我沒法去到什麼演出現場參觀，反而是跑到音樂人填詞人的家裏談天。

　　那時當然沒有Babyface或愚公移山，我到的所謂Party，是在故宮旁一所由眞正宮殿改建成類似青年宮的地方，那裏有黑布派對，大家用黑帳把視窗封起，用卡式帶播著音樂供青年跳舞。那音樂應該包括：《冬天裏的一把火》、《大約在冬季》。或者，賈樟柯王小帥也看過同樣的場景。

　　在音樂人的家，我們談到某些共同的音樂愛好，回溯著西方搖滾樂如何輾轉傳到國內。凌晨，打車返回宣武門的路上，冬季的寒夜，滿心擁著因好奇與共鳴而來的溫暖。因爲你首次體會，北京不是想像中那麼遠，我們不是想像中那樣不同。而那年的聖誕，北京異常沉靜，沒有燈飾，沒有Party，沒有禮物。

五

　　一九九六年，另一場音樂會把我帶回北京。自然，經歷過自己的歐美遊學階段，自己與眼前這個城市不再一樣。其時，三里屯已開發成酒吧街，我坐在路邊咖啡座，看著人來人往，徹底改變了我的北京印象。如果我上次離開的是一個還讓我乘三輪車找旅館的北京，眼前的北京是司機駕著黑色玻璃賓士送我到機場的北京。

　　今天，我們都到劉元位於後海的「東岸」。而十一年前參加北京爵士音樂節，音樂會過後，劉元載我到三里屯一間像很神秘的小酒吧Poacher。那裏有可

文＋李照興
. . . .
求學於香港、美國，游走於歐美亞各大城市，現全身投進中國城市觀察。對建築、電影、音樂、網路及普及文化百分百熱中，以指點城市，解構流行為己任。曾出版評論集《香港後摩登》，主編《香港101》、《上海101》、《王家衛的映畫世界》等多本城市觀察及電影書目。現居上海

能是其時中國最頂尖即興的爵士演出場所。樂隊奏得興奮時，崔健會突然拿著小號衝上台Jam一份。

六

　　但實情是，爵士樂從來沒好好在北京生根，正如Jazz也沒有在香港落地。多年來，Live House轉來轉去，最經典的莫如在三味書屋的Live，邊喝茶邊聽Jazz，北京爵士節後來卻無疾而終。這個城市似乎沒興趣於較溫文的爵士小資情懷。然而搖滾，仍恒常吸引著一班忠實粉絲。或者說：在北京，黑皮褸，長髮男，破牛仔衫，還是得到某種死硬的價值認同。迷笛及各式搖滾小演出還是有它固定的支持。反正聽得不爽，隨時走到街外繼續飲兩元一瓶的燕京啤酒，吃烤羊串。

　　而同一段日子，香港的Jazz Club算是唯一仍打正旗號堅持Live Gig的。搖滾？似乎只可變成極小部分粉絲的宗教。當然可能是香港最好的搖滾組合去了綜藝遊戲節目娛賓。

七

　　而北京樂與怒之所以變成樂與路，那種對怒的禁制，正好揭示這個城市實質充滿怒火，年輕人有話要說。當然，Rock Ballad也有它柔情的一面，而且是鐵漢柔情，是暴烈過後的溫文，帶點曾經滄海，就如當前較受歡迎的也算相當北京腔的左小祖咒的音樂。是的，如果要找代表，去體味北京式的搖滾，左小祖咒的《左小祖咒在地安門》真是靠近Tom Waits或Nick Cave的造化了，對不熟悉北京的外人來講，它起碼比陳昇的One Night in Beijing更像北京吧。總之，北京搖滾有它不吐不快的衝動，有它低吟的苦澀滋味，也許跟搖滾道路的迂迴曲折和城市一代命運的希望與失落有不可分割的關連。

八

　　再過幾年於一九九九至二〇〇〇年間，我已發現自己在漂流的大隊中，從上海跟搞派對的朋友談黑膠碟探酒吧一直又漂到北京。

　　喂！我們要在長城搞派對，要來嗎？——那是長城派對未張揚未被狗仔隊化之前的年代——隨便吧，那也就去了。

　　再後來，迷笛由一小規模的音樂會變成每年一度連續幾天的露天公園音樂大事。過往小巷裏賣老翻及打口CD的，變成略有裝修極有態度的音樂天堂。而電視頻道上充斥著假唱的偶像。

　　那年我興奮地看到中港兩地音樂的遍地風流，今天在兩地同樣感歎著音樂的流失。從原創音樂一步步變成工廠式生產，消費的發展統一化了所有城市。城市之間越發一式一樣。

九

　　上周，剛接到香港Bluedoor爵士吧也要停辦的消息。是那種典型細小而親切的Live Club。而稍後又會有另一家新興的出現。偌大的城市往往容不下渺小的願望。城市的瘋狂拆建，舊物的難以長存，自己熟悉的小店的結業；然後是新的地標，新的聲音，新注入的感情。由此，城市的發展有它難以挽回的共同命運，我們學會擁抱未來。生活在哪個城市都沒所謂了。

消費的發展統一化了所有城市，城市之間越發越一式一樣

診療北京都市空間
——從孤島城市到經絡城市

內容提要：以北京近幾年的都市空間演變爲背景，張永和/王暉（蘋果社區售樓處/今日美術館）、艾未未（毛然工作室）、朱鎔（木棉花酒店、數字北京）、王昀（廬師山莊）、馬清運（尤倫斯當代藝術中心）、崔愷（德勝尚城）等建築師的新作爲線索，闡釋中國建築師面對超速城市化的積極對應策略。

一、城市拼圖·孤島拆解·孤島重生

北京已經成爲一個孤島城市。即城市空間與城市歷史、性格、住民、文化被割裂，成爲一個個漂浮於疾速蔓延都市空間之上的孤島。從某種意義上說，每一個孤島就是一個城市。

這些孤島有著自足的歷史、空間、性格、住民與文化，當然，也有著其寄生的城市意義上的歷史、空間、性格、住民與文化，有著在這個意義上的特殊空間。而這正是這些建築師介入和啓動城市空間孤島的切入點。

針對不同區域採取不同的營造策略，建築的目的不再是對一個空洞的、快速擴張的都市的絕望反映，而是對一個個具象而現實的都市空間的積極呼應。從某種程度上說，它們是以小搏大的（以小專案影響都市性格）的積極努力。

二、朱鎔：木棉花酒店，東華門外，舊城

1·舊城（二環以內）

寬闊的二環路曾經是明清北京內城的城牆所在。眼下，壅堵的車流將「內城」變成了真正意義上的空間孤島，人流和車流只有通過各種類型的橋與周邊城區聯繫，在這裏，環路正是現代都市的城牆。實際上，二環以裏的有著紫禁城和胡同、四合院的都市空間從來都沒有被「遺產化」，從一九五〇年代的「十大建築」到一九九〇年代的國家大劇院（保羅·安德魯）、中國銀行總部大廈（貝聿銘），從東方廣場到金融街，北京都市建設中的「前衛」與「浩大」之作均在這裏展開。

2·寄生空間

北京舊城由內城、皇城和紫禁城三重城牆環環相套而成，也就是說是以紫禁城爲核心相疊加的，專案所在位置即是皇城東部的中心。在由東華門、四合院以及一些近代仿古建築構成的都市舒展的古典語境中，興建於一九五〇年代的這座辦公建築顯得乖張而蒼白，是一個應該「主動」消失的寄生建築。

還有沒有其他的可能性？這座有著四十多年歷史的建築也已成爲都市空間歷史的一部分，利用現有空間主體，是否可以進行傳統空間轉化的實驗？是否可以建立與都市肌理的積極關係？或者，探索以空間和用途的改變，使寄生建築成爲這一區域的亮點？

3·針灸建築

專案再造過程並非與周邊歷史空間語境建立簡單的對應關係，而是在對當下高密度的都市語境的分析中，呼應原有舊城肌理，建立空中四合院體系（四合院空間的垂直化）；同時，表皮肌理的語境化與當代化（透明、時尚），使舊城的寄生空間「自癒」爲兼具古典/當代特徵的新生建築。

文＋史建

多年從事城市/建築文化研究與批評以及圖書策劃出版工作。著有《圖說中國建築史》、《大地之靈——東西方經典建築藝術的魅力》。參與策劃《今日先鋒》、《現場》、《文化研究》、「先鋒譯叢」等圖書

三、馬清運等：尤倫斯當代藝術中心，798廠區，四環外

1‧新舊城（二環、五環之間）

在由二環到五環之間日益蔓延的城市空間裏，城市性格變遷的歷史遺跡散布著，例如蘇式建築、工業建築、辦公建築、軍隊建築和國家部委的各種大院，這些大院往往具備自足的微型城市的特徵，是鑲嵌在城市內的游離/獨立的孤島；近十年來，隨著城內製造業的衰落和外遷，產業結構的急劇變化，原有空間往往被地產項目強力置換，成爲一個個新興階級的孤島式豪華社區，這些社區均實行封閉式管理，路網與綠化系統與城市剝離——而環圍著北京舊城的這個新舊城，正是北京空間演變最爲劇烈的城區。

2‧衰朽空間

北京都市空間的特點之一是建築的疾速歷史化，快速建造、使用方式的時代性變異和近代以來根深柢固的現代性觀念的負面影響，使一九五〇——一九六〇，甚至一九七〇——一九八〇年代的建築迅速成爲被遺棄的衰朽空間，造成了空間資源的巨大浪費。

還有沒有其他的可能性？面對都市空間語境的更迭，利用現有空間主體，是否可以進行創意空間轉化的實驗？是否可以使其轉化爲都市全新語境的積極因素？或者，探索以空間和用途的激變，使衰朽空間轉化爲啓動這一普通區域的地標？

3‧激發建築

項目再造基於對建築歷史與現實語境的深層分析，再造並不僅僅是對自身的「療救」，它們的多少有些張揚的、劇烈的空間突變，潛藏著啓動轉化或衰落區域的野心；同時，專案再造爲展覽中心，包括展示、圖書、研究和創意中心，複合需求，也促成了內部空間的資訊化、城市化、未來化實驗，即它不僅有對外啓動區域的野心，也有對內徹底顛覆原有空間格局、建立全新的空間秩序的欲望。

四、張永和／王暉：蘋果社區售樓處/今日美術館，CBD，三環外

1‧CBD——新新舊城

北京舊城的金融街和前門地區都曾是CBD的選項，但最終落腳於以國際貿易中心爲核心的東部三環位置，這裏曾是一九五〇年代以後北京超速工業化時代的象徵，眼下，這裏的都市空間與性格已經被徹底改寫，工業化時代的平展廠區被以曼哈頓爲樣板的高聳模式置換。這裏不僅有庫哈斯（CCTV）的作品，更多的世界級大型事務所在這裏留下了印記。與上海浦東的夢幻空間經驗不同，北京CBD的空間特點是疊加與新舊並陳，體現出沒有空間邏輯的生猛的發展欲望。

2‧再生空間——記憶空間

僅僅在三四年以前，專案所在區域還存留著大片廠區，它附近的北京機床廠的部分車間甚至還在生產，今天，那裏已經是日本建築師山本理顯和北京明星地產商潘石屹的建外SOHO的白色群峰——北京CBD最爲壯觀鋪張的空間表徵。隨著緊鄰建外SOHO的CBD最高建築群銀泰中心和國貿三期的爭鋒，項目

的舊廠房的保留，簡直是奢侈的CBD的空間神話。但是這裏不是798，寸土寸金的空間價值與曖昧莫名的未來，都限定著對項目的定位。

還有沒有其他的可能性？身處日益壅塞的北京新都市中心，這個難得的工業城市時代的遺構是否可以轉化為具有文化性的、複合的公共空間？或者，探索以空間和用途的再生，使記憶空間轉化為高度壅塞的物質欲望區域的精神與文化家園？

3．異變建築

項目沒有通常創意產業園區的養成的「孵化期」，它必需在「瞬間」完成由記憶空間到成熟創意空間的轉換，因此，與北京其他的由舊廠區再生的創意園區的自足狀態不同，專案具有強烈的融入都市空間的渴望，其開放將是徹底的，並希望迅速納入CBD的都市語境，成為其壅塞空間的精神與文化「綠地」；同時，專案也積極模糊廠區空間再造（創意產業化）與環境再造（公共空間化）的界限，以周邊過熟的經濟環境與基地平展、歷史性的空間特徵，促動這一閑置區域的迅速活化。

五、崔愷：德勝尚城，德勝門外；王昀：廬師山莊，八大處；艾未未：毛然工作室

1．新生區域（如德勝門外、八大處、草場地）

疾速蔓延的都市空間是均質的、沒有政治或文化特徵的「普通」區域，這些無特徵區域（如德外、八大處）也能逐漸形成新的都市區域核心，只是其特徵已演化為以道路和消費空間（超市、商城、餐飲城和娛樂城）的匯聚地——也就是說，消費正在成為這個城市的主導欲望，消費空間正在成為生成這個城市最具活力區域的原始動力。與CBD空間模式的生猛相反，這些「普通」區域的華麗媚俗（kitsch）的空間、誇張的招牌和巨量的人流，都昭示著都市更為真實的一面。

2．蒼白區域

德勝門外和八大處曾經是北京歷史記憶空間所在，草場地則是迅速蔓延的都市的邊緣空間，近幾年這些區域迅速生成為城市平庸蒼白的新的都市次中心、「睡城」和藝術家聚居區，汽車尺度的道路系統與超人尺度的消費空間疊加在一起，而都市默默地接受了這一切彷彿是無需置疑的事情，就像這個都市的所有巨變一樣。基地是都市空間快速蔓延、飽和和平庸後的剩餘空間，項目成為幾乎沒有空間想像可以施展的「無為」（無所作為）空間。

還有沒有其他的可能性？面對周邊平庸區域對基地的諸多影響，被動是否可以轉化為設計生成的積極因素？或者，探索在平庸區域堅守精英策略，進而成為蒼白的超級消費／居住區域的積極的文化空間？

3．突變建築

德勝尚城的新古典主義氣質，來源於對周邊新興建築無視北京舊城歷史語境的「過激」反應；廬師山莊的「前衛」的現代主義白派風格，則來自於周邊浮華環境的逆反；毛然工作室的冷峻的、融合了現代主義極簡與傳統院落精髓的意象，則是延續藝術檔倉庫的空間品質。它們均把周邊平庸的新興都市空間轉化為設計生成的激發因素；同時，專案不甘只成為這一普通區域的不安分的

「句號」或終結者，而是有著改寫區域空間性格、使之融入都市經絡的強烈訴求。

六、朱錇：數字北京

1・奧運區域
在超速都市化過程中，北京並沒有像墨西哥城、布宜諾斯艾利斯，或者南亞的諸多大城市那樣，陷入某種發展的恐慌與無序；相反，北京的城市發展一直有著某種確定的未來——這個希望就是二○○八年奧運會。至少在眼下，一切都以此爲臨界點來運作，包括舊城改造、新專案的核准、政治與經濟的運行指標……北京正在患上難以醫治的二○○八臨界症，彷彿把城市的未來僅僅設定在這個「可見的節慶」，而奧運區域正在成爲以未來風格的超大建築和規劃爲特徵的世界級夢幻之城。

2・迷幻空間
奧運區域眼下正在成爲中國的烏托邦，「鳥巢」、「水立方」和國家體育館無不以恢宏的尺度和誇張的設計，傳達著北京的二○○八情結——這個都市在用建築彰顯其急於成爲國際化大都市的發展欲望。就像所有中國城市的空間營造奇蹟一樣，未來之城仍由農民工建造，「高技」建築與「低技」施工現場奇觀化地拼接著，國際化的野心與民族主義的激情混融著。項目似乎只能迎合這一策略或趨勢。

還有沒有其他的可能性？面對奇觀化的空間語境，能否以「低技」和低造價營造空間幻覺？能否成爲迷幻空間的堅石？或者，著力營造新媒介時代的資訊空間，使其在後奧運時代仍能延續其公共空間魅力？

3・「未來」建築
專案是奧運區域的未來主義語境中的理性主義特例，宏大敍事與國情語境（低技與低造價）、「私密性」（資料中心）與公共性（展覽空間）相容，使其成爲一個「虛擬空間」；同時，對新媒介與後奧運的空間想像，成其內部空間生成與多元訴求、實驗的基點。

七、孤島整合——疏通都市經絡（由孤島城市到經絡城市）

與西方建基於科學、試驗基礎上的現代醫學不同，中醫以「經絡」解說人體內氣血運行通路的主幹和分支——經絡既不是血脈，也不是神經，它是維繫人體氣血運行的神秘通路；它不是生物性的存在，而是精神性的存在。

以上所列舉的七位中國建築師在北京的八個項目，是試圖在城市孤島做都市空間啓動的努力。啓動的目的不僅僅是使孤島更具活力或再生，也是疏通這些相對獨立區域的城市經絡，做使其重新復歸城市的努力。

面對不同的孤島區域採取不同的研究/設計策略，這些策略不僅是針對項目和都市孤島的整合，更是試圖在實踐中積極面對北京的超速城市化現實，也就是探討使孤島城市最終成爲經絡城市、複合城市、有機城市和宜居城市的方法。

攝影＋黃偉

北京從來就沒有把自己當個城市來蓋，它是把自己當個家來組織的

複合的北京

談城市已經變成時尚行為，中國當代文化又夾帶著「都市化」的形成，所以談城市又是當代文化不可缺少的內容，但談北京不只是時尚，而且基本是「文化血口」不吐不快。對北京的批評基本來自於西方城市的體驗。什麼缺少多元性了，缺少雜交功能了，缺少商業連續性了，缺少自由職業的便利條件了，甚至堵車了，交通阻塞了，馬路太寬了等等，所有這些抱怨都是習慣了倫敦、紐約、巴黎的生活方式，有些甚至是習慣了來自於這些城市的道聽塗說的人的嘴。而這些抽象的生活質量對於北京的歷史來說沒有什麼意義。

北京從來就沒有把自己當個城市來蓋，它是把自己當個家來組織的，是皇帝們照著家譜和家改造超大住宅（中國是建築史上最早的超大結構（Super Structure）的國家），權力有多大，就有多大的超大建築。這種傳統在中部，北部及大多數古老首都基本一致，上海、廣州，那是例外，杭州、南京，也跳不出去，深圳、珠海更是雜交品種。「城市一家」是中國的發明吧，西方城市的中世紀期，政權、神權、商權、民權相互交替。到現代主義又「生產、生活、商業、娛樂」相互交替，而北京（中國都城）皇親國戚，王臣六親，所以「城市一家」。

城市一家，家大了怎麼辦？家大了就得「分家」。分家是大家族得以持續的唯一方法。

以前的環路不是連接北京各部分的基礎交通，而是把北京分開成若干小單元的「屏障」和阻礙，基本是「城牆」的意思。環路上面照樣可以走車，只是這單元邊界的交通基本上供某個相關單元的周邊使用。配合著這些變成城牆的高速公路，再設置新的連接他們的屏障。於是可以形成完整的城牆的體系。而每個單元的大小則是經過研究及思考的。比如把每個區分成四個小區等等，這裏的每個小家庭成員都有自己自足的生活內容和品質，工作學習，休憩，血拚都基本上可以達到，但自己沒有機場，也沒有故宮等等。所以可以有大家庭共用的機能。而他們的位置又基本同目前北京最有吸引力的亮點一致。

這種理想其實同社會主義的都市理論十分相似，但當時並沒有完成兩個概念：門檻價值，時尚價值。顯然這兩個價值都是社會主義所無法利用的。如果說有社會主義特色的市場經濟指的是開放的社會主義經濟體系，而社會主義特色下的中國城市，則應該是封閉的內容齊全的城市結構。經濟體系同城市結構在描述的措辭上正好反義，如果你到紐約、洛杉磯你就知道資本主義的城市是複合封閉的，門檻價值就是圍界價值，當能夠得到進入的「證件」是一種特權的時候，門檻價值就可以體會到了。如果使每個單元都有進來了就不想出去的價值，那麼都市感就有了——使進入不易，就不擔心出去了。那時的北京就不用從東朝西跑，從南往北跑。環路變成最私密的集合空間。除非一套院一套院子地在環路上轉，那是另一種理想——「走動城市」。

文＋馬清運

北京CBD第五個SOHO—光華路SOHO建築設計師，現任美國南加州大學建築學院院長，美國馬達思班（美國、上海）建築師事務所創始合夥人及設計總監

自然混合才能讓城市居民更好地融合，所以現代城和建外SOHO都沒有圍牆

北京是一個問題與生機並存的都市

誰的城市？

北京有兩絕：寬馬路和過街天橋。到紐約，巴黎，羅馬，倫敦，數得上的世界都市轉轉，都看不到這等景象。寬馬路和過街天橋似乎都是爲方便開車人而設計的，而不是爲行人。可是開車人在北京是否就覺得方便了呢？車行交通是否就不擁擠了呢？顯然不是。

找原因的話當然很多，比如新城與舊城之間的關係事先沒有想清楚，不是在舊城旁邊有規劃地建新城，而是圍著舊城攤大餅，結果餅越攤越大，城牆是沒有了，環線的「圍城」已經多至七層！之間的道路完全沒有整體設計，被東一塊西一塊的小區分割得支離破碎。總覺得中國人是很聰明的，但是每每走在北京的街上就覺得從城市規劃上可是一點也看不出來。尤其當我從家走到附近一個超市和銀行，需要上下兩次地道和一次過街天橋的時候。

啓動發展地鐵系統過晚，使得中產階級都已經習慣開車，而道路的設計也是從開車的角度出發。但是即使是爲開車方便而設計，道路的寬窄，街與街之間的距離，整個比例都不知道是按的什麼邏輯，造成了一種比例上的混亂——合理的設計其實主要就是一個比例和尺度的恰當。說到比例，原來北京的胡同是走行人和人力車，那個比例就很恰當，而對於汽車來說，就的確狹窄了。但是爲汽車設計路是否就需要那麼寬呢？馬路是寬了，可是總要從寬馬路上下來吧？口與口之間的距離是根據什麼定的？去世界各地看看，人家是路窄，但是路多，而我們是路寬，可是不知道走多遠才趕上一條。

所以在北京想逛逛街變得非常之難，越來越像洛杉磯那樣變成一座汽車城市，這在世界都市中絕不是常例。在紐約的時候，整天走路和乘地鐵，晚上搭搭計程車，在歐洲城市，連計程車都很少搭，走起路來看風景非常舒服。巴黎機場的地鐵直達市區，我記得我第一次是從機場做坐到盧森堡公園站，因爲只帶了一個手拉箱，所以根本不用朋友接，並且在盧森堡公園站下車後就能看見了設計優美的公園，第一印象當然是無比美好（他們的地鐵口一般都修得比較小，融合在環境中）。倫敦，羅馬的故事也基本上差不多，基本上對於一個第一次到這城市的人，一點也不會感覺陌生，這些城市都是需要步行才能體驗到其味道的。據說巴黎女人的身材就跟她們整天在街上走來走去有關，因爲巴黎女人是很少去什麼健身房的（同理，在整天開車的美國中西部，滿眼皆胖人）。

中國傳統城市的街道格局是橫平豎直，倒是跟完全是規劃出來的紐約曼哈頓的格局很相通。小街之間的距離，小街的寬度，都是統一的，行車的話都是

文＋娜斯
九十年代留學美國，在紐約從事廣告、互聯網工作，現居北京從事自由寫作及媒體策劃

單行道，而十來條小街後會有一條雙向的大街，其寬度也沒有到嚇人的程度。豎的街也是單行道，隔幾條之後會有一條雙行道，雙行道的中間有草地和花壇，這樣行人走到路中間等車是會有一個空地可站等紅綠燈，而且有的地方還有椅子可以坐呢！

　　因為街道窄但是多，行車的話，上下主幹道的出口和入口就非常多，起到一個疏通的作用。北京的街道其間距和寬窄都看不出什麼道理，都是過長過寬，所以等於是分流太少，好不容易一個出口可不是堵！曼哈頓的高速公路修在島的兩側，上下這兩條路的出口和入口非常之多，而這兩條高速路之間就再也沒有駭人的寬馬路了，最寬的馬路是東邊的公園大道，和上西區部分的百老匯大道，就像我說的，這兩條雙向路中間是有一道綠地的，而不像北京的馬路，中間還用一條很難看的欄杆擋起來，過馬路的人還是常常站到路中間去等車，卻又沒有專門設計出來的空間可以讓他們站，所以寬馬路的街口永遠是很混亂。還有如果馬路寬，一般都是設計一個隧道，開車人走隧道，不影響地面上的行人，不曾見過過街天橋！

　　現在北京二環之外的設計基本上是一種郊區化的設計方式，購物都是到大型超市和購物中心，多功能街區已經基本上消失了！而在紐約，巴黎，倫敦，羅馬，人們之所以喜歡住在城裏，或者遊客之所以喜歡去觀光，就是因為那裏還有熱鬧的街市！有誰喜歡開車看市井的呢？！

　　紐約富翁市長Bloomberg競選時，噱頭之一就是他說他乘地鐵，還掏出他的地鐵卡給人們看。市長是不是每天乘地鐵不得而知，但是的確，他住的上東區的房子離一個地鐵口不遠，而這條地鐵線通往下城的市政府和華爾街，很多上班族的確是坐這條線上下班的，市長表現他是一個地道的紐約客的方式之一，就是要提到他也坐地鐵！很多紐約人平時是不開車的，只有週末出遊去郊外才開車，並且到郊外的爬山景點或者海灘，也有一些火車路線和大巴路線可以抵達，絕不是非開車不可。只要是鬧市，開車就不會方便，本來就不是為開車方便設計的。因為人們有這種心理認知，所以沒人會抱怨在城裏開車慢，如果是富到極點，就乾脆開飛機進出好了！事實上從紐約市區到長島度假海灘的道路一到週末總是很堵，的確有富翁開飛機去，但多數人都是開車或坐大巴，也有坐火車然後朋友接的。坐大巴或火車在路上可以看書聽音樂，休息休息，我是覺得比開車要更放鬆。

未來都市的美好就是要找回都市中被人遺忘的村落生活

北京城的滄桑與魔咒

一九九〇年的冬天我在北京。住在金魚胡同新開不久的大飯店的高層套房中，隔著因下大雪而一直霧濛濛的玻璃窗向下俯望，北京仍像個大村落，曲折如迷宮的上百條大小胡同是村落的肚腸。

雪霽天晴的日子，我借了輛腳踏車，嘴裏哈著白茫茫的煙，吃力地在胡同彎延的泥路上撤輪，胡同的午後十分安靜，彷彿被催眠了似地，恍惚之間，時光似乎倒退回某個過去的年代。也許我也曾在北京行走於荒天老地之中。

這樣的北京，像定格的黑白畫面般印記在我的記憶庫裏。雖然從九十年後，我每隔幾年都會再踏上北京，但所有後來添加的影像，不管是多麼流光麗影，都沒有最早的印刻影像那麼真實，只要想起北京，所有記憶的鏡頭一定都會偏執地回到一九九〇年冬的北京。

北京不是我的家鄉，但奇怪的是，我對北京竟然有鄉愁的感覺。也許因為北京變化太大了，連我這個不過十七載北京旅行履歷的人，面對以超速度變遷的北京，都有身世滄桑之感。

快速道路本來是要使北京變小變近，誰知道北京人彼此的心理距離卻更遠了。

有上千年歷史的北京，怎麼走上沒有百年歷史的美國洛杉磯般的都市計畫之路呢？洛杉磯本來是個沙漠荒地，二次大戰後在工業主義的魔咒下變身成世上少有的為美國汽車產業服務而不適合人行走的怪物都市。

美好的都市是為人服務的，要以人們居住、工作、創造、娛樂的考慮為前提，人類的生活是整體的，而不是區隔的，城市文明的美好，就在於能給人們一種文明整體的歸屬感，覺得自己屬於某個時代某個城市。

例如倫敦、巴黎、紐約，都有個成熟而整體的城市概念，這幾個城市不管多進步，都同時保有村落的特質，大城是由幾十個上百個村落集合而起，是人們自行用生活發展出來的有機體，有時光累積的生命厚度。

北京人當然沒辦法把高架路變回地下通路，但北京不應該繼續依賴環狀道路，而應該學習這些年來開始懂得慢活的一些洛杉磯人：要恢復使用市區原有的大小路，讓城市的血脈恢復暢通，當然這些大小路也應當廣植樹木花草，讓行走、騎單車、開車的人都對路恢復親密感。

摩天大廈林立的北京，必須多一些大大小小的公園，來串連城市的分區，每一區也應當減少連鎖店林立的疏離感，應當發展不同地區的村落特質，紐約也許是值得參考的城市，紐約之所以沒有變成都市叢林，就因為還擁有格林威治村、東村、蘇荷，垂貝卡這樣的都市村落。

人類的城市概念，原本是由村落慢慢發展聚集而成，但有的都市卻慢慢失去了村落的品質，未來都市的美好就是要找回都市中被人遺忘的村落生活。

文＋韓良露
. . . .
女，生於台北。影評人、紀錄片導演、電視編劇。旅行過六十幾個國家，去過三百多個城鎮，長居倫敦五年

拆、拆、拆、拆、拆、拆！

文＋張大力

藝術家

我一點都不想掩飾我對這個城市變化的厭惡，最初的興奮被一些無能的建築師創造的醜陋作品徹底的埋葬，我不想說他們每個人都沒有天分，也許這只是一個極短的過程？偉大的作品會在痛苦的磨練中誕生？但是我想告訴對北京的過去比較瞭解的朋友，北京的歷史被徹底地毀滅了。

我並不認同高高的玻璃樓和寬廣的馬路就是現代化，那是用現代的材料輕易就可以得到的結果。而城市中心那些低矮的平房、狹窄的胡同卻是我們最珍貴的遺產，那不代表落後，相反那是這座城市歷史和文明的證明，是一個城市的靈魂。現在這個靈魂被切割成一個個記憶的碎片，醜陋不堪的大雜燴，如同一個典雅的女人被強迫作了隆胸和豐臀手術一樣。你能看到的肉都在外邊，可都是假象，糊弄人的東西，她擊碎了我們對美的習慣，肉排變成了肉渣，令你怎麼也找不著肉的滋味。

國家大劇院就坐落在天安門的右側，那真是一個漂亮的建築，它完美的弧形在天空下閃閃發光，如同巨大的飛碟降落人間，但是當你知道它是建立在一片被拆毀的四合院的基礎上的時候，你還會那麼毫無保留的讚美它嗎？

同樣，庫哈斯構想的中央電視台也是一座宏偉的傑作，但是它誕生的基礎無疑是集權政治的產物，只有用國家的權力和財力才能建造如此龐大的電視台，以後它會更好的控制我們的神經。

請問，哪一個歐洲建築師願意把佛羅倫斯的老房子鏟平，然後蓋一個輝煌的圓頂歌劇院？誰會為墨索里尼的羅馬新城唱讚歌？歐洲人不會，那麼在北京誰來負這個責任？

在一個形式不是藝術家要致力於解決的唯一問題的時代，那麼對社會的介入和看法必然就是藝術表現的重中之重。我們無法躲入象牙之塔，即使那是藝術家們所嚮往的最美妙的溫床，現實擊碎並支配著藝術家想要創造純粹形式美的夢想，也無處不在地影響你的生活，你無法逃避，無法不被平庸的統治和假裝激情的白癡所激怒，因此藝術就越加顯示出它對現實批判的力量。

破碎的黑瓦，裸露出木柱的粉牆和遍地鋼筋、釘子的廢墟，使藝術早已失去了它溫文爾雅的生存條件，它只能在被擠壓中妥協或者走向溫文爾雅的反面，拆、拆、拆！你們拆，我也拆吧！我想告訴別人我也在現場，我不願存在於我腦中的映射是由別人來轉述的經驗而成，我要表現和看到發生於我們所有人面前的真實，這是瞬間記憶的證詞。

在北京城，人們已經習慣這樣的場景

正在拆遷中的三里屯南街

2007年夏天，三里屯南街拆遷時最後一家釘子戶，牆的另外一邊還住著人家

三里屯

三里屯酒保表演

戀戀三里屯

文＋簡銘甫

簡銘甫

無可救藥的舊貨狂熱
者，視往日情懷為當
下潮流，經常旅行中
國及歐洲尋找靈感

「三里屯的情調，只有觀光客及農民懂得欣賞」我幾年前在書裡這麼寫著。但是三里屯何其百變！時而讓人迷戀，時而讓人生厭。我曾經在這裡的外交公寓度過幾個寒暑，也見證了三里屯的興衰。自從南街被夷為平地，幸福二村重新改建之後，我心碎地離開三里屯，孩童般賭氣不再來這裡吃飯，不再到雅秀買衣服。然而就在今年冬天，趁著朋友的辦公室重新搬回外交公寓之際，我又做了一次三里屯巡禮，這才驚訝的發現，三里屯似乎正在脫胎換骨，精緻的生活消費正在成形。

早期的三里屯有著迷人的洋風洋情，雜貨店裡都賣著洋人的食物；要麵包有麵包，要起司有起司，要火腿有火腿，彷彿中國人千年來也都是吃著相同的食物。附近使館區的老外以及外交公寓裡的居民，只稍來這裡走一圈，便可以買到家鄉常吃的食物，常用的物品。從這種特殊環境應運而生的行業，除了雜貨店外，還有周末夜狂熱的酒吧。這裡說的酒吧當然不是三里屯街上的那些男生吧女生吧，而是帶著些許「背包客」地下風情的夜店。

說到背包客，三里屯裡有個老牌國際青年旅館，緊連一家叫做PORCHERS的龐克酒吧。這家青年旅館的背後還有一家PIZZA店叫HIDDEN TREE，是以前南街裡的老字號西餐廳。PORCHERS繼承了南街的龐克傳統，消費超便宜，啤酒一瓶十五塊，雞尾酒只要二十塊，每到週五週六晚上，酒吧裡男男女女、老外老中擠得水洩不通。由於緊鄰國際青年旅館，這裡外國客人幾乎佔了一大半，雖然沒有專業DJ，但是連續不停的口水歌，總能把所有舞客撩撥得手舞足蹈，一個個站上舞台去跳個過癮，場面極為火熱。拐個彎的另一條小路上，有一家叫SHOOTERS的酒吧，一樣是背包客的氣氛以及講義氣到不行的消費。通常酒客在這裡喝完會繞過去PORCHERS或是BAR BLUE「續攤」；或是PORCHERS喝完再CLUBBING到這裡來。而這裡的DJ比較專業，放的音樂不太跟流行，偶爾也安排國外的客場DJ來表演，以饗舞客。也許是音樂品味不同的緣故，SHOOTERS的老外，大部分以歐洲掛居多，常見成群結隊的法國人或是德國人以及義大利人在這裡徹夜狂歡。

這種周末夜狂熱的景象，讓人懷念起以前的南街。南街的拆除，不過就兩三年前的事，如今回憶起來卻彷彿有一世紀那麼久。三里屯南街早期是北京自助旅行者的聖地，那種破落小酒吧的氣氛，廉價的酒精，龐克的音樂，最對背包客的胃口。別以為來南街尋歡買醉的，盡是落魄的年輕人或是嬉皮龐克：一到週末時，成群剛下班穿西裝打領帶的老外，也會在這裡留連到深夜！啤酒一瓶5塊，調酒10塊，保證京城最低價！當時這裡還是北京搖滾樂的現場表演重鎮，一些龐克團或是玩爵士音樂的團，總會輪流在這裡的酒吧駐唱。如今景物不再，人事全非，那些狂放不羈的往事，也只能在記憶裡回味。

為了迎接北京二○○八奧運，許多破舊的市容有待更新，一大堆老社區、老房子拆遷改建急如律令，三里屯也是重點整理項目之一。無情的挖土機像是蝗蟲過境般把老三里屯拆得面目全非。還好有些「釘子戶」倖存了下來，而且浴火重生之後，還站得更堅挺。「BOOK WORM書蟲」現在搬到了三里屯

南街上，挑高的二樓空間極為寬敞。從早期三里屯時代，他們就標榜書店咖啡館的經營模式，裡頭書籍清一色原文書，是北京外籍人士喜歡來的地方。再加上這裡可以無線上網，許多商務人士也把這裡當作他們SOHO的地方。HIDDEN TREE也從南街搬到了PORCHERS的後面，一樣提供現場土窯烘烤，帶有果木香氣的PIZZA，以及好喝的比利時啤酒。

為了重新發現三里屯，我特地繞道去三里屯北小街吃早餐，那裏開了一家專賣歐洲三明治的店叫PANINO TECA，和隔壁的義大利餐廳是同一個老闆。終於能夠在北京悠閒地吃一頓像樣的BRUNCH，而且這裡的三明治分量超大，可以自由選擇要法國麵包BAGUETTE或是義大利拖鞋面包CHABATA。同一條街上還有老字號「金穀倉」，一家高檔日本料理，以及一家麗江主題餐廳「一坐一忘」。拐個彎還有另一家老字號，歌星高明駿開的泰式料理店「為人民服務」。就這樣，整個三里屯北小街，頓時成了北京清新脫俗的休閒美食街，適合夜晚或是假日來這裡用餐。

我的另一個三里屯鄉愁，其實是一家日式義大利餐廳叫JAZZ YA。這家餐廳可以說是個傳奇，從七八年前俗氣的木造鄉村風格，一直到三年前改裝為現代極簡風的西餐廳，其「食納百家」的菜單以及大眾消費的價格，基本上「始終如一」。我愛吃這裡的義大利PIZZA，也愛吃日式蓋飯或是大阪燒；有時改吃義大利麵，不然就點個豚骨拉麵。感覺上，沒有這裡廚師做不出來的東西。而旁邊的「那里」則是年輕人愛逛的服飾街，有點像小西門町的感覺，參雜著委託行的情調，也是可以消磨一個下午的地方。

有一個地方，現在還可以感受到一點老三里屯的情調，那就是同里商場以及PORCHERS前面的那一小段路。幾家水果攤還在，京客隆超市還在，賣菸兼賣外文書的攤販還在，CAFÉ DI NERO也還在；重點是，我買DVD的兩家店也都還屹立不搖。對我來說，這幾個DVD店在北京，簡直比長城還要有存在的理由！而幾位賣DVD的姑娘，也都像我長年的街坊鄰居般，不僅可以討價還價，還可以談笑風生。

這樣說起來也許感傷，但是「我的三里屯」的確已經隨風而逝了。幾個熟悉的人物，麻辣燙老闆、水果攤大娘、烙大餅師傅、羊肉串老闆娘、家常菜大叔，如今不知都身在何方。現在的三里屯，馬路都直了，而且還鋪上柏油，不像以前歪七扭八的泥土路，讓人有柳暗花明又一村的錯覺。現在大型商場也多了，像是3‧3以及正在大興土木的太古集團購物商場。三里屯即將告別略帶點草莽味的俗豔，搖身一變，準備擁抱頂級時尚以及年輕富有朝氣的購物環境。

天下沒有不散的宴席，老三里屯完成階段性任務之後，新三里屯很快會接棒打造這裡成為下一個北京的精緻生活圈。我的三里屯故事也許還沒寫完，只是到了翻開新一頁的時候。我很清楚知道，下一次的北京之行，還是要從三里屯的BRUNCH開始。

在三里屯創造出新的自然

文＋隈研吾

隈研吾
(Kengo Kuma)

國際知名建築師，SOHO中國「長城腳下的公社」——「竹屋」及「三里屯SOHO」設計師。出生並成長於日本神奈川縣橫濱市，就讀於東京大學建研所。1990年成立隈研吾建築城市設計事務所，多次榮獲世界建築設計大獎

散步在三里屯的街道上，讓我回憶起從前的生活。我注意到三里屯跟東京的青山，六本木有很多相似的地方。

我事務所的位置現在在東京的青山。但是我與青山、六本木的緣分從很早以前就開始了。記得從學生時期我就常常去青山、六本木。在東京只要說到比較熱鬧和有名的地方，馬上就會被列舉出來的是銀座，新宿、涉谷，但是我卻不喜歡那裏。銀座是繁華的成人街道，新宿是熱鬧的大學生街，涉谷街頭則充滿了活力四射的高中生。雖然如此，我從高中、大學時代，甚至到了現在，我對這三個地方都沒有什麼親切感。

這三個地方不論什麼時候都是熱鬧的，不過也有人喜歡安靜的休閒環境。但是我對玩的地方要求是鬧中取靜——有熱鬧休閒的環境，也能保有一塊可以安靜思考的地方。為什麼要特別找一個這樣的環境？因為我覺得我們生活在這步調緊湊的城市，時空交錯的包圍著我們。

二十世紀都市的密集度還不是很高，但隨著人口越來越多，城市的範圍也越加擴大。在郊外居住而在城市裏工作的人也比以前多了很多，人們生活方式的節奏改變了，繁華的市中心當然還是存在，而人們在那裏工作，喝酒，吃飯，最終回到安靜的郊外，這樣的循環成為新的生活韻律。

然而，展望二十一世紀的城市，像以前那樣的韻律感不見了。理由很簡單，因為作為工作地點的市中心，和作為居處的郊外這樣明顯的對比已然消失。二十世紀時，人們工作的地方不論是工廠還是辦公室，都是以效率為前提，結果反而必須忍受在條件惡劣殺風景的環境工作，為了逃離這樣的工作環境，人們寧可選擇在寧靜到可怕的郊外居住。

但是到了二十一世紀，人們不再那樣工作，也開始有許多的工作類型以創意為導向。因此更多人發現與其在工作環境中設法創造效率，不如營造如同居處般的安靜氛圍。而隨著人類開始注意到地球環境惡化的主因是大量耗損能源，在市中心和郊外間通勤上下班不但是多餘的勞動，並且浪費能源。由於商業區和住宅區的界限開始模糊，如同馬賽克般難以清楚劃分。在這樣新的律動下產生了新的城市，不僅可以工作，也可以居住，同時包含了遊樂，休閒的功能。三種不同行為和領域，隨著社會環境的改變自然融會，形成人與空間的對話。

由這樣二十一世紀新概念延伸而成的綜合型都市有青山、六本木及三里屯，裏面都有大使館，寺廟這樣安靜的地方，另外也有熱鬧遊玩的場所，在同個區域裏共存著特殊的城市機能。這也令我聯想到我青山的事務所附近，有座安靜寺院叫梅窗院擁有三百五十年的歷史，附近還有加拿大大使館，巴西大使館等。因此從學生時代開始，我就喜歡在這條街上玩，走在這條街上，心情總是能夠輕鬆起來。

那麼，到底東京的青山、六本木和北京的三里屯這三個綜合型都市存在哪些差異呢？

應該是城市的整體結構。如果試著比較東京和北京的地圖，就可以看出兩個城市的明顯分別：東京街道的形狀是依照大自然的條件形成的；北京的街道則是整齊的四方格形式，忽略地形上的變化，而使街道相互平行排列，這樣人工化，數位化的街道圖形和日本的自然排列有著極大的不同。

但是如果要回答哪一個城市的結構比較好，卻不容易。相較於北京街道讓我感覺到它的勤勉，東京似乎相對是個懈怠的城市。東京的地形豐富多變，不需要太多都市計畫，隨地形改變就可以自然擁有多樣層次，甚至像萬花筒一樣豐富。但是不如預期的，東京卻沒有如此豐富多元的樣貌，我認為這是因為日本人滿足本身自然條件，而懈怠了對城市設計的努力。

相反的，北京城的街道意外的多變，具有不可思議的豐富變化而令我驚訝，如果這是人為造成，是什麼樣的力量使其如此豐富精彩？就像是地主一樣自然的招呼、邀請加入。對於設計工作者來說沒有什麼比這個城市更鼓舞人、比這個舞台更令人興奮了。

在這樣偉大的人工街道──北京城裏三里屯這條街上，有一集體創作的建築，而我很榮幸的參與了這個設計。對我來說，我也藉此機會來看看自己的本領──我們是不是也能達成如同北京偉大的先人們已創造出來的豐富？

在嘗試過各樣的的設計後，超高層大樓最後是順應著地形起伏而設計，但是仍保有特殊的設計手法──超高層大樓由土地中段蓋起，並涵蓋有紀念物的設計，為四方形剛正的形狀融入了生命力。不管由哪個角度觀看，超高層大樓都是人類工藝的象徵。

三里屯SOHO，我把這裏的超高層大樓視為一個整體，設計的概念是讓高樓本身成為地形。九棟超高層建築給人的感覺本來是很人工的，但是和這裏原有的地形互相襯托輝映，卻可以發現自然的元素。這讓我聯想到美國大峽谷，這幾棟建築連起來就像峽谷一般。

發現這幾棟建築像峽谷一般，心情也開始雀躍起來。峽谷的最高峰如同男人，而女人就像山谷般。我希望這個成為市中心象徵的超高層建築能有新的突破，創造出新的自然。讓新的自然這樣的概念在這裏發生。我也希望在市中心人們可以感受自然，改變以往大家對市中心的印象，讓二十一世紀新的都市更有包容力。

我的夢想一直往這個方向前進，也不會停下對城市建築新提案的腳步。在時代的變化下，人們新的想法和需求構築了建築與自然間互相襯托的概念。這九棟超高層建築將成為我們新的風景。

隈研吾的建築

京派、京味、京漂是不一樣的，每個都有個改革開放後的新版本

北京、上海、台北、香港

——與陳冠中對話：關於城市的八個Re

採訪＋鍾貫承

陳冠中

‧‧‧‧‧‧‧‧‧‧

香港《號外》雜誌創辦人，著有：《我這一代香港人》、《香港三部曲》、《事後》等書。二○○○年移居北京開始

開始Re的原因：Refine

陳冠中談到類型城市。他說：「北京向來都是政治城市，而蘇州向來都是商業城市。現在有所謂的類型城市，才會將其更為細分，但絕對不是原始城市形成的意思，而是後設的意思。」

然後，陳冠中開始從近代史與觀察中，Refine他對北京、上海、台北、香港四個城市的思考。

城市的第一個Re：Remade
靠上海定義，京劇再造

鍾：你剛才提到北京，你說這向來是個政治城市，我們可以看到北京現在有很多改變，那麼這個政治城市，現在是否正在轉變之中？

陳：每個城市的轉變都有其背景，北京一向以來都是首都，但是在一九二七年國民政府遷都南京，北京就衰弱了，不僅不再是政治中心，連出版社都遷移到上海去，北京只剩下大學，就突然變得很安靜，當時也改名叫「北平」，一直到一九四九年。

而每個城市的文化性格，也是演變與建構出來的。譬如說京劇，在北京其實最初沒有京劇一說，只有二黃、亂彈、西皮等這些外地進來的戲種，而上海人將這些各式各樣的東西稱之為「京劇」，上海為什麼叫它們京劇呢？是因為十九世紀七十年代之前，上海一直都是受蘇州文化統治，後來因為經濟發展，上海人很希望可以將蘇州拉開，因此就不願意再聽昆劇及評彈，因此就流行起了京劇，從服裝、戲曲等，都開始流行「京熱」，不要蘇州了。連窯子裏面的小姐，找情人都要找個京劇演員才時髦，因此以京劇來建立起上海文化自主的身分，使得上海成為京劇最大的市場。

京劇的興盛，是因為上海帶動了京劇給他的。至於上海本土也發展了屬於上海的京劇，因此可知，每個地方都是這樣變化出來的，連北京最具代表的京劇，都是靠上海這樣的「他者」來定義出來。

城市的第二個Re：Remix
沒有純粹的城市，屬於雜種文化的混和體

鍾：那麼無論北京或上海，有沒有什麼是純粹屬於自己城市的東西？

陳：沒有一個城市是純粹的，城市就是混雜起來的，有些人以為城市是很多鄉村，需要市場，所以才形成城市，其實這是不對的。根據《中世紀的城市：經濟和社會史評論》這本書，這是一本三十年代比利時學者亨利‧皮雷納（Henri Pirenne）所寫的經典，書中談到，鄉村是受城市所界定出來的，受城市需求的影響，鄉村不斷改變，鄉村的發展因應城市的需求，因此農業的產生是鄉村為了供應城市，不然鄉村並不需要農業，鄉村人自己耕種吃食，自給自足即可，為什麼出現農業？主因就是為了供給城市，因此城市帶動了鄉村的所有改變。城市本身就是一個複雜的混合體，沒有本質上應該如何，每個城市的文化都是後來才建立起來，然後自己表述出來。當世界有不同說法時，就會產

生不同世界，當他們開始將城市當成主體說話時，就會形成屬於自己的身分。例如香港本來並沒有自己的身分，後來慢慢形成了香港文化，這樣的文化是靠自己建立出來的。

城市的第三個Re：Redefine
新香港文化的再定義

　　鍾：你認為香港文化是誰帶給它的？

　　陳：在宋朝的時候，香港已經有書院了，清朝時則是更蓬勃。香港是鴉片戰爭時給了英國人的，是亞洲第一個現代化城市。明治維新開始後，派了七次考察團去香港，連日本要做新鈔票也是由香港的印鈔工廠整個轉移過去。當時在日本有出版香港新聞的官方刊物，用香港雜誌報紙摘要翻成日文，作為現代化的資訊中心，日本是透過香港來認識這個世界。而日本統治台灣時，也是參考英國統治香港的模式來做為輔助，當然後來都演變出各自的特色，但是香港確實是最古老的亞洲現代城市。

　　當英國人來的時候，英國人帶了自己的文化，對於海港掠奪型的殖民地，英國人並不想同化。法國人則不一樣，法國人想將所有人都變成法國國民，所以努力同化，可是英國人則是只想要劃清界限，他們並不想同化香港，所以最後卻使得香港出現了多文化現象，英國人的文化、本土精英希望學習的西方文化、另一些本地精英追隨的民國新文化、加上大部分當地人的文化等，因此交融在一起。當時，當地的文化主體是廣東文化或嶺南文化，不過光是廣東文化，裏面就有三種不同的文化在裏面，廣府文化、潮汕文化、以及客家文化，本身就夠難的，很快很多外地的人進來了，使得香港本身各地人難處其中，一直到一九四九年，廣東文化一直都是香港華人文化的主體。

　　而一九四九年後，更多各省的人來了，譬如說上海人，上海人來了之後，有一度國語文化很盛，上海人雖然說方言，不過當時在上海工作的可能是安徽人或福建人，但這些都無所謂，總之他們強調的是國語文化。他們將國語文化帶到香港，例如國語歌就曾經有一度壓制住粵語歌，產值在粵語歌之上，也就是說香港本地人也聽國語歌。因此，香港這個地區就有了英語的殖民地文化、國語的國語文化、地方的廣東文化、二戰後，再加上美國與日本的影響，六十年代後，香港便每種東西都並存。

　　於是從六十年代開始，尤其是七十年代，這些慢慢的被香港消化，變成了另一種雜種文化，也就是新的香港文化，在此之前，並沒有這種新香港文化的概念，但是後來就有了。

　　一九四九年前，粵港是一家的，但到此時，兩者文化算是產生了差異。

城市的第四個Re：Reborn
上海新品種的再生

　　鍾：剛才我們談到上海，上海的文化在很多新文化的融合或雜種化過程，扮演什麼樣的角色？

陳：上海的經濟很強，大城市的發展不能完全靠移居或文化，一定要靠經濟的帶動。一九二七年國民政府遷都南京後，上海扮演了海納百川的角色，任何人都可以在上海找到自己的位置。也因此出現了有別於他人的主體性，也就是說屬於上海的文化出現了，這是在一九四九年之前。

一九四九年之後的上海，是由香港與台北繼承。很多文人去了這兩個地方。一九七〇年初，我剛念大學讀文學時，源頭是台北，張愛玲、白先勇、於梨華、甚至林語堂、梁實秋，這些書都是台北出版的，對我來說這些是台北的文學，當然，他們都不是台北人，都是大陸過去的，但是全都在台北出現，台北保留了非常多的文學。香港也是，尤其是電影方面，當時在上海做音樂與電影的，都來到香港了，學者也是，例如新儒家。因此台北與香港保留了老上海，而上海卻是停頓的，成爲了工業與製造業的城市。

至於上海本身，一九四九年之後，一直到一九九二年，上海幾乎沒有改變，人口減少，人才送到外地，甚至支援北京，出版社也遷回北京，重要的都重回北京了，於是上海整個縮小，上海人也變得封閉，此時上海的身分比以前更清楚，過去一直不斷的改變，但一九四九年到一九九二年上海卻形成停滯，於是中華人民共和國的上海新品種，於焉出現。

城市的第五個Re：Restart
京漂帶動新北京的生命力

鍾：我們剛才講到一九二七年之後，北京似乎只保留了知識分子這一塊。

陳：還有老北京、旗人文化，以老舍爲主的京味，另外還有京派，也就是留在北京的知識分子，無論他們從哪裏來，一九二七年之後都稱之爲京派。

京派是在北京的文人，這是三十年代的說法，京派主要都是在大學的知識分子，他們當然很清高，因此所謂的京派海派之爭，就是從那時候開始。京派完全靠大學維生，海派就是靠商業維生，例如報紙、雜誌、靠出版社寫作風花雪月文章，靠銷路生存，京派則是靠學術。

京味是指老北京，旗人文化，到以老舍爲主的，改革開放後，有些人是寫這些題材爲主的，例如陳建功、王朔這些，也稱爲京味，或是新京味。

這也是我之後要寫波希米亞北京的理由，因爲多了一個元素，這個元素既不能用京派來寫他，也不能說是京味，因爲他們是漂到北京的藝術家、媒體人、文人，這是另外一種趣味，所以我則稱此爲「波希米亞北京」。

鍾：也就是所謂的「京漂」。

陳：是的，京漂，也許未來會有更好的字。不過京派、京味、京漂是不一樣的，每個都有個改革開放後的新版本，例如王朔寫的是新京味的版本，陳平原等學者有些人說是新京派，但也有人說不是，但另外的京漂文化則是現在北京最鋒頭的文化，例如798的很多藝術家，就是京漂文化，跟原來的京味、京派全不一樣。

北京的文化在改革開放後又起來了，但是每個藝術類型的活潑時間與速度不一樣，知識分子是最快的。例如《讀書》在一九七九年就出版了，已經喊出「讀書無禁區」，八十年代中已經有非常多知識分子提出主張，開始有京漂進來，例如八十年代中，崔健的搖滾樂進來了，雖然他才聽到Beatles，但是學習非常快，很快就可以做出自己的音樂，揉進「西北風」這些用古老民謠風格的新搖滾。

其中最重要的是第五代電影，例如《黃土地》是一九八四年的作品，之後大約在一九九二年時，再繼續往高峰衝，藝術家開始群居在圓明園東村，很多藝術家進來了，搖滾樂再一次出現高潮，例如唐朝、黑豹等。

鍾：為什麼會是在一九九二年呢？

陳：本來是一直下去的，但是一九八九年斷了兩、三年，再起來時是更多人進來，過去很多人到北京讀完書就得回去，不能住下來，因為沒有戶口，後來根本不管戶口了，沒戶口也留下來。這些當時是違法的，抓到要送回去，也不會有人請你做正規的事情，但是過去北京只有大的文化主體，就是體制內的，官方文化，但是現在則是出現了體制外的文化，或是稍稍內外各兼顧一點的東西。體制內例如說報紙、電影廠等，北京很多電影廠，長春或西安只有一個，但北京很多個，非常大，提供很多職業與位置，可以讓人做點事情，就能在北京活下來。一九九二年之後，搖滾、藝術、做地下劇場的，全都能留下來，因此形成了另一個高峰。

再來的高峰，可能就是一九九七、一九九八年了，這就是波希米亞生活出現，開始有酒吧了，三里屯出現了，有咖啡館了。

三里屯本來就是在使館附近，與洋人生活非常靠近。波希米亞文化的出現，洋人占了很重要的位置，本來藝術家、拍紀錄片的已經在了，不過他們的生活可能是非常本地的生活，而洋氣的生活就要跟洋人混在一起，例如跳Disco之類，在九十年代中後就慢慢多起來，尤其三里屯成型後，這些就非常常見了。

再來就是這幾年大山子的出現，也不過才三年的工夫。

鍾：你認為無論從八十年代、一九九二年、一九九七年，甚至到二○○二、二○○三年，這些變化都是一個巧合偶然的演變嗎？

陳：不可能，因為這些人沒有別的選擇，只能到北京，所有的人在其他地方，都像是怪人，心情鬱悶，活不下去，旁人無法理解他們想要的生活，因此他們的下一站，只能到北京。

太多邊緣人製造了波希米亞的氣氛，所以我二○○三年寫了《波希米亞北京》的文章，因為看到太多邊緣人，到處都是，人數我都不知道有多少，但肯定很多。

城市的第六個Re：Rethink
台北文化DNA的再思考

鍾：那你怎麼談台北呢？

陳：在九十年代，我曾經認爲台北是華人世界中，文化DNA建立得最好的地方，出版業的獨立，將文化DNA建立得很完整，國際上該進來的都進來了，沒有任何一塊是偏食，但是此後就偏食了，偏往生活趣味那邊，不做宏觀的東西了。當年我讀存在主義，都是台灣出版品，但是現在知識分子都不以此爲時尚，都在談吃、穿著、怪力亂神，不想碰觸任何比較嚴肅的問題，如中國前途。

生活越來越精緻、瑣碎，我認爲是這樣子。但是錯過了。我認爲文化DNA從文星、皇冠，到七十年代的夏潮、鄉土、現代等，思想最活絡的地方，到九十年代自由民主時代真正的到了。應該要很輝煌，想不到不是這樣發展。

鍾：這會不會是受到文化的全球化現象影響了這一代年輕人，致使沒有針對區域性深入發展呢？

陳：因素太多了，這是一個原因，但是全球化同時，不是也在本土化嗎？九十年代後，本土化與後殖民理論不斷被提起，可是文化DNA引進了，但卻沒有產生足夠的能量去帶動。

另一方面，就是走到趣味化現象，對日常生活的美學觀察放得比重非常重。例如去歐洲的小城鎮旅行，整天都想去日本，但是興趣都是在吃、玩、看一點輕文學的東西。可是，這條路沒有創作力。

台北可能就是兩極化，不然就是談政治，不然就是回到特別小的生活趣味。九十年代後期之後就是這樣偏食了，沒有九十年代中之前那麼元氣十足。

鍾：台灣在中國一直無法產生核心影響，你覺得文化差異是不是關鍵問題。

陳：中國的各個地區也都有各自的文化差異，因此我覺得大陸的政策還是關鍵，舉例來說，香港的出版社可以在大陸出版書，香港雜誌可以在大陸發行，那麼馬上就會有人進來做了，說不定也會成功。台灣也一樣，一旦開放，肯定有幾家會做得好，會成功，這些都是政策問題，而不是文化差異。當然適應是必然的，但是政策才是真正的關鍵。

城市的第七個Re：Reminiscence（Reminder will be better）
香港文化的再提示

鍾：你認爲未來香港會是什麼樣子呢？

陳：香港其實只差幾步路。一是特首普選，成爲一個民主地區，像台灣一樣，因爲現在大家都說香港不是民主的地方。香港的文化只要記得，就能理解它的輝煌，但是大家都忘了，整天談經濟，只要記憶回來，就會發現這是一個

了不起的地方。

鍾：所以你寫《事後》？

陳：對。重新記憶，在基礎上繼續發展，就像有了一張名片，可以清楚的介紹自己，過去是從來不提文化的，只讓人家覺得這是經濟城市，現在則是很有文化與創意，這樣香港不是就非常好了嗎？當然還有環境保護，這都是可以改善的，因為香港有錢，當然可以做好。

鍾：香港最大的優勢，你認為是什麼？是創意產業嗎？

陳：創意產業當然還在，不過現在不過才百分之三點幾，如果以倫敦為標準，占到百分之十五，那麼我們還有非常大的發展空間，但是香港的創意產業向來都不是只有內部市場，他還有外部市場，例如過去台灣看香港電影，現在則是中國大陸，這又得談到政策問題，很多東西無法進去。

城市的第八個Re：Reorganize
兩岸三地城市力量的再整合

鍾：你覺得未來領導華人世界的城市會有哪些？

陳：北京當然是文化首都，首都中的首都，另外還有台北、香港、廣州、上海，其實在現階段文化實力上來說，北京之後，是香港與台北並列，才輪到上海，最後是廣州，香港與廣州加起來，可能就穩坐第二了，有些地方可能還可以超過北京，不過整體上還是不行，畢竟北京是十三億人的首都，這是必須承認的人數的力量。

鍾：你認為可以整合台北、北京，與香港三城差異的關鍵是什麼？

陳：需不需要整合都是問題，可能不需要整合，差異其實是好的，只要大家都享有國民待遇，互通有無，有這樣的平等的遊戲平台，三地都可以做得很好，各自有不同的東西出來。

全球化同時，也在本土化

3.3 人氣還不夠旺

三里屯缺什麼？

文＋娜斯

娜斯

．．．．．．．．．．．

九十年代留學美國，
在紐約從事廣告、互
聯網工作，現居北京
從事自由寫作及媒體
策劃

從紐約回到北京，覺得在北京最接近紐約下城風格的地方，也就是三里屯了。

所以，當3‧3這種Mall出現在三里屯的時候，就覺得有些氣餒——Mall是郊區文化的代表啊，咱三里屯好不容易是一天然街區，這下又要張冠李戴了。當然，連曼哈頓都出現了一個Mall，引起過一片詫異聲，不過那畢竟是在上中城的五十九街，不是在下城。一個街區有一個街區的性格和身份，北京本來已經像一個大郊區，最不缺的就是Mall——在美國長的表妹回北京玩，感歎：北京的Mall真多啊！

有時在3‧3裏面逛逛，也沒覺得人氣特旺，上到三樓更是很多鋪位都是空的。我常常是繞過它，到後面那條叫同里的小街去，我一般去那裏的一個理髮店理髮，之後可以順帶淘碟，還可以喝咖啡。或者到3‧3街對面那家三明治店，那裏夏天的時候在樹下坐著真悠閒。

北京最不缺的是Mall，北京最缺的是自然發展出來的時尚街區。紐約的西村或者SOHO，巴黎的左岸，哪個不是因為天然的意趣而吸引人呢？走在時尚前端的它們，跟代表郊區生活方式的Mall文化大相異趣，因為後者是規劃出來的，顯得千篇一律沒有風格，而前者是帶有自發性，隨時在改變，隨時有創意的。這就好比凱特‧摩斯是最受推崇的時尚偶像，因為她的風格突出但是永遠帶有一種隨意，而那些顯得太過精心搭配渾身都是名牌的女人卻只能稱得上趕時髦。

我更希望三里屯保存現在這種下城的，隨意的，悠閒的風格，最好是由小店，Loft風格店鋪，街頭攤組成，就像「同里」那條小街，或者「那裏」那條小巷，有咖啡店，有髮廊，有碟店，有餐廳，去一趟，很悠閒地就可以打發一個下午的時光。

也不是說就不能有品牌店，但是國外的品牌店都知道，「到什麼村說什麼話」，「到羅馬按羅馬方式辦事」，同樣的一個品牌，在不同風格的街區，空間風格就會不同。比如Prada，在曼哈頓上城第五大道是一比較「正裝」形象，而到了SOHO的店呢，就要刻意發揮自己知性加創意的範兒，Loft風格，從外面走過，不經意還以為是路過一家美術館——恰恰Prada就是從古根漢美術館那裏租來的房子，所以人們很容易以為那店鋪是古根漢美術館的一個展廳——從窗外望去，天花板極高的室內，衣服都像在美術館裏做展覽那樣擺放。從地面一層下樓，有一個劇院式的木板台階，這些台階上擺著Prada各款式的鞋。店面打烊後，鞋收起來，這些台階就真成了小劇場的座位，對面是一個曲線上升的背景，像是小型晚會的場所。

按中國話說，也沒什麼稀奇，「因地制宜」唄。

雖說三里屯有些西村的味道，可是要問差什麼，只能說，西村有些得天獨厚的自然條件，跟三里屯不完全一樣。比如，西村裏有紐約大學和紐約新大（New School），校園開放的城市大學完全與這個區域融合在一起，年輕人的街頭文化與象牙塔的文化氣息很自然又很低調地在這個區域裏瀰漫。所以西村不僅僅有酒吧街，有酷酷的各種小餐館，還有藝術影院，有紐約大學和新大面向成人的夜校，有玩樂，也有求知，非常符合簡‧雅各斯在《美國大城市的

生與死》中提出的多功能密集街區的特點。西村的南邊是蘇荷，蘇荷也是有餐廳，有酒吧，有時尚商店，有畫廊，有美術館，有Loft頂樓可以居住，有街邊小攤，紐約之所以爲創意大本營，這樣混雜各種創意行業的街頭空間就能說明問題了！這是798，三里屯，淮海路，學院路，給塞一塊還差不多啊。想想那麼一塊不大的區域，有人在上課，有人在買時髦衣服，有人在街邊買手工設計品，有人在看畫展，有人在吃飯，有人在喝茶……到了晚上，仍然是有人在上課，有人在吃飯，有人在看電影，有人在聽現場音樂……光是聽聽就可以想見這麼多不同行爲與想法撞擊在一起的能量！就好像一個身材佳又有範兒還有腦袋瓜的美女，能不讓人覺得刺激嗎。

西村的東邊有東村，有更邊緣的時尚小店街，東村的南邊有唐人街，就這麼堂而皇之地在昂貴的曼哈頓一點點擴大著，顯示著華人移民潮的前仆後繼。再下面是華爾街，打個噴嚏全球感冒的金融中心……所有這些區域，都在步行可以抵達的範圍之內，紐約的高密度可見一斑。這種高密度，帶來的是能量的撞擊，創意的火花！

相反，不幸的是，北京的學院區基本在西邊，金融街在西邊，時尚區在東邊，交通的壅堵更加阻礙這些區域之間的撞擊和互動，雖說現代交通發達，可是只要我們看到紐約市中心曼哈頓的各種行業的交錯生存，就能明白它爲何成爲世界最偉大的城市之一。

可是三里屯先天條件就是這樣啊，它成爲酒吧街和時尚街的主要條件是靠著使館區。這裏沒有開放的學院，沒有電影院，沒有美術館，離CBD倒是不遠，離金融街一點也不近。搬一所學院來是很難了，畫廊們呢又都集中在了798，電影院麼，全中國也沒有個影院管自己叫藝術影院，所以，要指望三里屯能發展成跟西村蘇荷那樣融時尚、文化、商業、夜店等等一體的混雜街區似乎有點難……光是把個時尚消費街區搞好也許就不錯了。但是世界一流時尚消費街區其實背後都是有其國家的文化和創意底氣撐著的，三里屯成消費區不難，成爲消費加引領風潮的頂尖創意區域就不容易呀。

不過，「羅馬不是一天建成的」，西村蘇荷左岸也不是一天形成的，而咱北京，不是還有更偉大的未來在等待我們嗎？當然，分析好自身現狀參考別人的歷史並找好方向也是必要的……

三里屯 My Fair Lady

文十林乃仁

記得第一次接觸三里屯，是在上世紀八十年代末。那時候的三里屯剛剛起步，僅有的幾家酒吧，清新簡樸可愛得像一位美少女。對於我們這些早期來到北京「生活」、每到入夜便「無家可歸」的香港人而言，在當時的年代，這個「酒吧一條街」的確給了我們一個很大的驚喜。

二十年來，我可說是目睹三里屯成長的旁觀者。她誕生於文化知識分子充滿迷惘的年代，他們中的很多人滿身傷痕、精神無處寄託，於是選擇迷醉和逃避；而那時候的三里屯，剛好給他們提供了一個侃酒、聊天，以至於無拘無束、風花雪月、了無覊絆的環境，有如越戰時期，美國許多青年因厭戰避戰而出現「嬉皮士」的意識。而在越聚越多的朋輩互相衝擊和交流下，也讓他們能在消極中尋找到積極。很快的，這裏就成為各國朋友、本地文化人、前衛創作人，以及高級白領等的落腳點，瀰漫著無邊無際的創意、批判和活力。

可惜，由於欠缺規劃及規範，這裏的一切很快便變了質。到了九十年代末，隨著「酒吧一條街」範圍日漸擴大，名聲越來越響亮之後，逐漸引來許多趕時髦的新潮人、有錢人，以至於國內外的遊客等，同時也引來三教九流的聚集，導致市井味越來越濃；而迅速增生前來尋求新經濟環境的「煙花女」，更使酒吧街活像變成少林寺的木人巷，必須經過九牛二虎之力才能擺脫重重的「迷陣」。三里屯由美少女變成為藏污納垢的「煙花地」。這段時期的三里屯，猶如明珠蒙塵，喪失了她的光華，也好像一位墮入歧途的少女，在萬般的迷惑下迷失了人生的目標；而一眾的好友則陸續與她疏遠。

然而不管怎樣，三里屯還是有著她的獨特氣質，是一個非常吸引人的地方。和香港蘭桂坊酒吧區不同，這裏沒有團團高樓包圍得透不過氣的窒息感覺；在燈紅酒綠之間還可感受到一種開懷和浪漫的適意。記得有一次傍晚，我比往常到的時間要早，突然看到金光燦爛的夕陽，洋灑著路邊喝酒的人群，那種景象，令我第一次發現，這裏除了酒和醉之外，居然還有著和大自然相融的一些「第三類接觸」。

三里屯雖然走了一陣子歪路，然而她畢竟是京城一顆潛藏的明珠。憑著她本身的豐厚潛質，最終還是會回復璀璨光華。隨著北京的城市和國際化發展以及「奧運」的臨近，三里屯也已不再是「三里」外的「屯駐區」，而是已變成了市中心CBD的一部分，因而她也要面臨建設和蛻變。在當局的規劃下，三里屯在不久的將來，將有SOHO中國和太古廣場兩個重點專案，耗資逾百億元（人民幣）為她打造全新的身段，將誕生以酒吧區為主打，構建占地五萬多平方米的文化藝術街區「巴黎城」，毗鄰則發展總共逾六十五萬平方米的大型高檔國際商業區。

今天的三里屯，不少昔日熟悉的酒吧已經悄然消失，隨處可見的卻是各大名牌等待進場的告示。三里屯從閒散集市發展到作為一個時代的酒吧街，它已完成了使命，聚集了近二十年的浪蕩人氣將要告別了，波瀾更為壯闊的國際人氣將要進場。從五十、六十年代一條農民賣菜蔬、做小買賣的街道，到九十年代形成北京酒吧街，到最終發展成國際時尚生活的平台，掩映不夜的北京，三里屯活像多年前一出外語片「窈窕淑女（My Fair Lady）」裏面的女主角伊萊莎，由原來一位來自貧家、言行粗俗的賣花女，經過改造成為明豔照人、置身上流社會的「窈窕淑女」。

林乃仁
. . . .
香港資深商業策略顧問

三里屯變身銅鑼灣與蘭桂坊的混合体，指日可待

三里屯
Sanli Tun

作為一個城市片區的若干歷史斷面
As Several Historical Sections of a City District

三里屯考古
Archeology on Sanli Tun

課題／城市中國＋下畫線工作室
Project/Urban China + Underline Office

採訪攝影／隋曉龍
Photograph/Sui Xiaolong

過去150年的北京歷史被證明是城市空間不斷在時間中被刷新的歷史，僅僅通過空間已不足以定義這座處於中華文化中心、並不斷以新生事物自我吞噬的城市。和北京的許多其他地方一樣，三里屯以其壓縮在北京城東郊的若干時代場景而成為城市變遷的標本之一，但這些場景的戲劇性、以及它為這個城市留下的集體記憶卻是不可取代的。追溯三里屯的短暫歷史，也是一個從這個城市片區提取歷史斷面、從而折射整個北京變遷的當代考古過程。

鉅資進駐打造

政府規劃

招標

中央商務區延伸

城市拆遷

北京核心區東移

西方生活方式

使館區驅動

發展經濟實體

幹部下海

中國與各國建交

使館區轉移

社會主義改造

城市擴建

八國聯軍侵華

3年后　國際化時尚
　　　　休閒消費區

5年前　酒吧+工地

10年前　酒吧街

20年前　服裝汽配一條街

40年前　使館區

50年前　大院

100年前　「三里屯」

150年前　三里墳

2007年，香港太古集團、SOHO中國、世茂地產三大集團先後宣布將斥鉅資進駐三里屯，目標都是打造世界頂級的戶外休閒商城，致力於將三里屯變成一個多功能的立體的國際化商務區。未來三年，三里屯將全面升級邁向高端商務區及娛樂場所。

隨著北京CBD的延伸，2004年朝陽區政府開始規劃拆遷三里屯。自此，著名的三里屯南街的酒吧開始逐漸拆遷轉移，酒吧街的中心移往北三里屯，往日文化氣息持續消減，這塊酒吧與工地並存的地區逐漸成為妓女、皮條客、三流歌手等的集聚地，充斥著末日狂歡的氣息。

九十年代末，燕莎國貿區域的崛起，使館區驅動下休閒娛樂中心街區的形成，西方生活方式的流行趨勢等內外因素使得三里屯坐擁打造酒吧一條街的黃金地理優勢，三里屯酒吧街逐漸成為北京的一張名片。1998年至2004年是三里屯酒吧街最鼎盛時期，從腐朽糜爛的享樂天地、文青憤青的發洩場所，到先鋒藝術的碰撞平台，三里屯以不變的空間容納著不斷變化的內容。同時，三里屯酒吧街對當時的流行、爵士、搖滾等新興音樂在中國的萌芽及發展起到了至關重要的作用。

1988年，在鄧小平指出改革的步伐再快一些的時代語境下，黨中央號召幹部下海，緊接著，政府要求街道辦事處發展經濟實體，興建服務百姓的商業街。當年，朝陽區街道曾組織20多名機關幹部去承包商業街的店鋪，在保留公職的前提下集體下海。三里屯利用其得天獨厚的使館區效應，針對其汽車聚集地以及外貿服飾需求量大的優勢逐漸形成了著名的汽配一條街和專營外貿服飾的秀水街。

1959年，北京的使館區由東交民巷的第一使館區遷往三里屯；區位上毗鄰外交部。由此，三里屯使館區成為當時北京最代表現代化水準的區域：柏油路、綠樹、哨兵、小轎車。其中工體東路路邊一座9層的「外交公寓」成為標誌性的建築，為當時使館人員和家屬、外國記者特許居住地。同時期中國逐漸與世界各國開始建交。1971年中國恢復聯合國的合法地位。

1953年抗美援朝結束，中國社會進入社會主義改造時期；根據中共黨中央的指示進行城市擴建。1958年起，三里屯開始出現單位大院（三個部隊大院，一個衛戍區大院），圍牆內是5層紅磚房，不用電梯。住戶為「公家人」，包括工人、店員、知識分子、國家幹部和軍隊家屬。

清末，三里屯離城牆約三里，1900年八國聯軍侵華，俄軍在此地屯兵，故稱為「屯」。「三里屯」由此而來。

清代，出城向東三里，地名「三里墳」，乃三里屯前身。

5年前

誰窮誰丟人！

2002　後海的酒吧如雨後春筍般地冒了出來，當時還有一句俗話：「農民才去三里屯，文化人都去後海。」另外，五道口、南鑼鼓巷也多了很多各式酒吧咖啡屋，大大減弱三里屯的吸引力。

2003　「SARS」突如其來。當時，北京市文化局關於關閉一切娛樂場所的規定讓北京夜店格局產生了巨大變化：從前散落在北京城各地的夜店基本全部關門，三里屯酒吧街開始拆遷前的最後狂歡。

2004　朝陽區國土房屋管理局在《北京城市房屋拆遷公告》中限定，三里屯區域拆遷範圍是「東至三里屯東區1號樓，南至三里屯西區2號樓，西至南三里屯西區3號樓，北至工體路」。自此，三里屯進入全面改造階段。

2006　北京市總體規劃「十一五」綱要指出，要在北京東部建立北京新城，而不再進行「攤大餅」式擴張，同時綱要將北京定義爲文化中心，要求北京市政府在保護北京歷史文化的同時，將北京建設成爲國際化時尚大都市。這對位於城市中心區的三里屯區域來講，提供了一個良好的發展契機。

2007　三里屯整體改造工程進入收官階段，一個集購物、酒吧、藝術、居住、商務爲一體的「新」三里屯即將以全新面貌呈現在世人面前。從一個傳統的居住區到「國際時尚文化中心」，三里屯正日益成爲京城時尚文化與國際文化的標籤。與此同時，三里屯周邊新老物業如首開幸福廣場、海晟國際公寓、紅街、盈科中心等價值提升加速。

「三里屯酒吧街道今年堅決要摘掉『黃帽子』。」

——佟克克（朝陽區副區長、新聞發言人），2005

交友吧
Friend Bar

以交友為主題，變相的婚介。為客人提供牽線的仲介服務，定期會舉行大型婚姻交友活動。此外很多交友吧都以牽線為由進行色情交易。通常設有女士之夜或在某時段內女士免費暢飲等。

▲三里屯酒吧街最著名的交友吧

▲公安人員抓獲一名威脅客人的皮條客

「2008年奧運會都要開了，你的個人問題還是未知數嗎？每天除了上班、下班交友圈實在是小怎麼辦？快來參加我們組織的週末誠信實名8分鐘相親交友吧，讓你在誠信、正規的氛圍下相親、交友找到自己理想的白馬王子、白雪公主！」

——某交友吧廣告廣告

「8分鐘速配交友」最先在歐美流行。有人總結它風行的緣由，是因為它適合現代人的生活節奏。約會方式：每對男女用8分鐘時間坐在一起溝通、交流，8分鐘後變換交談對象。每次活動，每人分別與8位異性交談，總的交談時間為64分鐘。整個過程中，女士受到優待，更換交談對象時，女士們位置不動，男士來回走動更換座位，因此也就給人一種女士像評委一樣挑選男士的有趣感覺。通常每次活動的人數都是8對，以保證每個人都能和8位異性交談。

▲網友偷拍的三里屯酒吧包房

「幾十年拆了改改了拆，白天工人拆房子，到晚上酒吧街『野雞』動靜大，太不得人心。」

──老住戶（在三里屯生活28年）

「音樂一響，你就沒辦法睡覺，我的孫子晚上兩點前不睡覺，已經和酒吧街他們的作息一樣了。」

──水果攤老闆（在三里屯生活28年）

「給老外幹活還挺輕鬆的，比中國
人事少呢，他們的小孩也比中國的
懂事得多。」

　　　　——外籍小孩保母（在三里屯工作2年）

「我們也是完成任務才有錢，一小
時兩塊錢，週末生意最好，車多得
擠滿了這條路。」

　　　　——停車管理員（在三里屯工作半年）

姓名：蕭爺爺
職業：草編小販
性別：男
年齡：**70**歲
籍貫：河南駐馬店

我住在莘莊，離這兒八里地。我天天自己騎車過來。晚上到了十一點沒公交車啊。這兒酒吧街十點往後人多。九點以前沒什麼人。夜市啊，娛樂場合就是這樣的。我在這裏賣了差不多十年了，我還上過中央電視台，給摩托羅拉拍過廣告呢。

這個地方外國人多，我在這兒賣，最開心不過。外國人多，我的外國朋友也多。外國人都愛娛樂。他們都活潑得很。他們給的錢也多。我說，隨意給，他們不會給得少。他們喜歡這些中國的工藝品。夏天生意好一點。冬天大家都在家裏取暖，夏天天熱，大家都出來玩來了。

城管的有時候也管我。我就跟他說，我這個就是一個手工藝品，我這個是血汗錢。願意買的買，不願意買也罷。這都是我的血汗錢。

「這個地方外國人多，我在這兒賣，最開心不過。外國人都愛娛樂，活潑得很。給的錢也多。我說，隨意給，他們不會給得少。」

姓名：鞏敬吾(老鞏)
職業：「阿蘇卡」酒吧老闆
性別：男
年齡：47歲
籍貫：台灣

十年前，我在三里屯南街盤下了一個餃子店開了「阿蘇卡」（AZUCAR）酒吧，這名字在拉丁語裏面是「糖」的意思，所以我的酒吧也是中國第一個以「糖」命名的酒吧。我原來在台灣是學油畫的，我覺得搞藝術方面的人，夢想就是開酒吧，把所有東西都放進去。大概是04年左右，三里屯南街要拆了，記得當年拆遷後我準備休息半年，可是，真的有人痛哭流涕啊，所以我想，還是趕緊找吧。我就來到煙袋斜街，很幸運，那天碰到了一個以前在我的店裏賣盜版碟的小夥子，他五天就找到這個地方了。現在租的這個地方是永遠不會拆的，這裏是清朝的街道，非常湊巧的是原來阿蘇卡所在的街叫東大橋斜街，這叫煙袋斜街，北京只有四條斜街，而且現在那三條都毀掉了。我搬過來三年多了，老客人都在回流，來我們這裏的人非常親切，都是原來的朋友，就是當年在南街跟隨我來的。他們來到這裏不會去後海，直接到我這裏。我跟這邊的朋友交流就是親人，這裏就是我的迪士尼樂園，很多老闆經營好了就不再來了，但是我每天來，除非我生病了，人家說我像書店老闆。

現在，我對北京的路比在台灣的都熟，因為阿扁把台灣的路名都改了呵呵。很多東西台灣有的這裏都有，這裏有的台灣卻很多沒有。我覺得在這裏，所有的東西都是很複雜又很細膩的融合。對我來說，北京是我的根。這十幾年，變化太大了，從想要申奧，到申奧失敗，到現在申奧成功，我都經歷了，整個的這個中國的元氣恢復也就是這幾年的事情，尤其是今年。中國五千年來，大概上次是唐朝的時候吧，就是萬方來朝貢，今年全世界都來，經過100多年，中國從今年開始就改觀了，這種變化是不可置疑的。對於酒吧來說，就是更多元化了，也是好事。

「這十幾年，變化太大了，從想要申奧，到申奧失敗，到現在申奧成功，我都經歷了，整個中國的元氣恢復也就是這幾年的事情，尤其是今年。」

1995年 「明大」和「隱蔽的樹」進入。
1996年「鄉謠」進入。
1997年 「芥茉坊」進入。
1998年「愛爾蘭」 進入。
2002年「火狐狸」、「暗店街」」、「生於70年代」、「阿蘇卡」、「花香滿徑」、「雲夢」、「河」、「黑太陽」、「彩虹歲月」進入。
2003年 「河」酒吧改名爲「主暢」酒吧。

▲原三里屯酒吧南街地址

2004年3月11日「鄉謠」酒吧舉行「告別儀式」，向三里屯酒吧南街告別。
2004年3月20日淩晨4時，「鄉謠」最後一名客人離開。
2004年4月「芥茉坊」酒吧首先被拆除。
2004年10月，「愛爾蘭」酒吧被拆除。
2005年1月「明大」酒吧被拆除。
此後，十餘年發展興旺起來的三里屯酒吧南街，即將退出歷史。

10年前

讓一部分人先放鬆起來！

夜生活
Night Life

夜生活泛指人類從黃昏到凌晨時段盛行的活動。夜間活動一般被視為相對於日間勞動等正式活動，夜生活一詞也常偏向娛樂性質。對於中國人而言，「夜生活」直到80年代末才出現，相對於過往看完新聞聯播就睡覺的生活，三里屯首先改變了北京人民的生活習慣。

梁和平
音樂人、藝術家

1954年生於東北，曾在中央樂團供職，並參與組織崔健的全國巡迴演唱會，1987年首次舉辦了「梁和平——鋼琴即興獨奏、作曲音樂會」。中國搖滾先驅人物之一，對各類現代音樂進行探索的音樂者。以即興的方式為電影、電視、展覽及表演等活動配樂。

「三里屯可以說是中國改革開放的縮影，它比任何地方都要濃縮得要更全面。……它還是一個有巨大影響的文化元素，現在十年太短，它的作用在今後才會越來越大。」

我77年來到北京中央樂團，現在叫做國交。主要是鍵盤，也做編曲。三里屯是九十年中期開始，九十年代末是高峰期。95年，那兒有第一家酒吧，就請我們去那兒表演爵士樂。那時候就有很多老外，大部分是菲律賓的。在三里屯南街北口那一家，是我記得的能追溯得最早的一家了。那時候還沒有形成酒吧街。我們在九十年代演出很多，主要是爵士樂。那是中國的爵士樂剛剛開始，起步走的一個階段。其實爵士樂是從八十年代開始「重回大陸」。49年以前爵士樂是曾經在上海有過的，49年的時候美國跟中國斷交，爵士樂也就消失了。一直到八十年代，爵士樂重回大陸，但這一次是回到北京而不是上海。八十年代末，我參加了北京最早的一個爵士樂隊，英文名字叫Swing Mandarins，搖擺的官吏。後來，到了九十年代初，93年，有一個爵士節出現了。93年，舉辦了第一屆北京國際爵士音樂節，應該說對爵士樂後來的發展起到了一個推進的作用。整個九十年代，北京很多新的音樂都在慢慢出場。八十年代還沒開放到那個程度，九十年代才是真的向著多元化發展。搖滾樂爵士樂，其他各類音樂都有發展。當然，當時外國人比較多，包括音樂生，使館人員，他們本身就喜歡音樂，帶著音樂的感覺來，工作之餘也自然可以找個表演或者發洩的地方。剛好北京正在興起地酒吧就提供了這樣的場所。

當時去三里屯的人，還可以分成幾個類型。作為一個開放的國家，有這樣的開放的行為，這都是自然的。酒吧文化本身來自西方，中國開放到一定程度，西方的一些生活細節自然就會被納入到我們的生活當中來。開始是星星點點的，這個人開一個，那個人開一個，最後三里屯是把這些點都形成了一個面。現在是有後海什麼的，但最早由點到面的，是三里屯。酒吧是城市人生活的一種方式，西方人工作很累，不能說天黑了洗洗睡了。過去中國很多名詞是不存在的。什麼叫「夜生活」嘛，這個詞沒有。我們想想改革開放這三十年，增加了多少名詞，這些都是人們新的行為帶來的。慢慢地人們發現，人生中還有另外一個時間可以去消費，就是晚上。晚上其實是一天中最放鬆的時候，很多白天不能表達的東西到了晚上都可以表達。酒吧就提供了在這段時間裏面，人們可以去表達的空間場所。

人們首先需要一個地方，然後需要有一個空間，空間裏面要提供一些內容，既然叫酒吧，那就得有酒，有吧台，不管站著喝坐著喝，都要提供這樣一些器具。喝酒嘛，有一個人來的，有幾個人來的，這是你自便的事情。你鬱悶也好，高興快樂也好，也隨你便。反正我提供你這個場所。這個場所就是很放鬆，很自由的。人們喝完酒就不用說了，就更放鬆更自由了。這就是人們在疲憊的都市生活中特別渴望它的原因。喝著酒呢，人們又會有進一步的要求。那麼就出現了各種類型的酒吧。不同的人有不同的訴求，才會有不同類型的服務。酒吧提供就是人們在聽覺視覺味覺上綜合的一個內容。酒吧裏是很少有中國的白酒，一般洋酒比較多，葡萄酒、威士忌，很少人跑去喝二鍋頭去的。不過有一次有個台灣人叫做老龔，崔健帶我們去一個地兒，他就叫了一個Erkila。我們說什麼叫Erkila，原來是二鍋頭兌雪碧啊！人們去酒吧喝不同酒，不能喝酒的就喝飲料。反正就是喝，聊天，待著。酒吧一開始從形式上受西方影響比較大。後來慢慢開始發展自己的內容。有的酒吧變得比較安靜，這個取決於老闆的定位。有的酒吧開始放一些輕鬆的音樂，什麼都有，鄉村流行爵士都有。有的經營得很好的，有條件的老闆覺得放音樂還不滿足，就借鑑了國外有真人在現場演奏的模式，也請了樂隊來表演。樂隊類型也很多，鄉村音樂、爵士音樂、非洲音樂、流行音樂，這要看老闆的需求。

音樂的發展史上，從來都是有需求才會帶來它的發展。當時中國音樂家又都不像國外那樣，有很多的演出機會。如果酒吧能提供空間，爵士樂手也是非常樂意去展示自己的音樂的。當時很多爵士樂手都得益於三里屯酒吧提供的表演條件。當時中戲畢業的編導冰冰，她男朋友秦齊，是一個很有名的搖滾歌手，也是黑豹樂隊秦勇的哥哥。他們開了

一家芥末坊，JAMHOUSE。芥末坊地方不大，但在三里屯非常有名。那裏經常有現場演出，很多都是即興的、實驗性的，甚至還有非洲的音樂，對當時音樂的發展真的起到了很大的推動作用。老闆自己喜歡音樂，所以提供了很多藝術家表演的機會。當時在北京，你想聽什麼樣的音樂都能在三里屯找到。酒吧多，什麼風格都有，也就有不同的音樂家自己跑到那兒去表演的機會。我在那兒還參加過幾次非洲音樂家的Party。有一批人在那兒展示，形成了非常多元的景色。三里屯對做音樂的人來說，真是保存了他們一段很值得紀念的時光。去三里屯的人很多，都打車去了，站那路口，都不知道是幹什麼。去工作的、消費的，或者謀求什麼事情的，都不知道。所以有很多很多的故事發生，拍出個電影可能都好精彩。甚至可以說是中國改革開放的縮影，在三里屯比任何地方都要濃縮得要更全面。就是因為什麼人都去，商人，藝術家，普通老百姓，政客，學生……什麼人都有可能，每個人都有自己的興趣愛好和目的。

一個城市白天和晚上是兩個世界，白天是房子車子，晚上卻全都隱沒在霓虹燈中。這跟我去德國的感受不一樣，他們的建築，白天和晚上就算燈光變幻了，你還是知道是在一個系統裏面。但在三里屯，白天你看到的是老建築，民房，很北京的大院，紅和灰色，還是有很多政治化的感覺。晚上燈一暗，什麼顏色都看不見了，只有酒吧的霓虹燈。有的酒吧又很追國外那種感覺，你就感覺突然完全變了個世界。有人說，這就是，白天社會主義，晚上資本主義。我自己沒有泡吧的習慣，演出之外去那兒，一定跟是朋友約好的。我喜歡在那兒通過觀察別人的行為描測別人的心理，喝多了的人什麼的。晚上人們的面具都摘下來了，跟建築一樣，變化很大，這個真的很有意思。人們的心理肯定是這樣的。長期壓抑的東西總算找到了地方釋放。人們不能隨便找地方宣洩啊。那兒有酒，酒逢知己千杯少，酒壯人膽，酒後吐真言，心裏的東西都淋漓盡致能表達出來了。我一直覺得東西方人喝酒的狀態是不一樣的。外國人喝酒時一定需要音樂需要舞蹈，中國人喝酒不需要。所以外國人無須藉酒來表達內心的話，他們內心的情感的表達平時都已經完成了。中國人長期壓抑，要通過喝酒讓人放鬆，才能表達出對別人的愛或者恨，得以釋放。外國人喝了酒就跳舞啊，中國人麼，不會，不需要找這種方式。在三里屯的酒吧裏，中國人外國人都坐在一塊兒。所以就會有一些願意接觸外國人的人、喜歡那樣氛圍的人，專門跑到那裏去。

後來的北街就跟南街有很大的不同，北街更中國化一些，南街受西方影響更大。喜歡西方的人就去南街，他們慢慢慢慢都融入了西方人那種生活狀態。他們也跟著外國人去跳啊唱，不是原來那樣划拳啊在街上勾肩搭背啊什麼的，這樣發生了很大的改變。喜歡西方文化的人就都會到這兒來。有人還想學英語什麼的，也有我們說的特殊職業，還有畫像賣花什麼的，反正幹什麼的都有，你想幹什麼的話，也都有人為你服務這樣，三里屯不知不覺就在中西文化的融合推動上起到了非常重要的作用。我是很喜歡觀察別人喝醉的狀態，那種放鬆的，自然的感覺。任何一個地方的價值作用都會在歷史中顯現出來。到底對歷史產生了什麼影響，離得越遠越看的清。凡是去過三里屯的人，在那兒做的什麼事情，也都會對自己產生不同程度的影響，這些也都會在自己未來的作品中體現出來。

三里屯是一個有巨大影響的文化元素。現在十年太短，它的作用在今後才會越來越大。每一個人到了那裏都認識了那麼多的人，又跟不同的人交融在一塊兒，那種影響之大是無法估量的。當然，現在一些酒吧也在致力讓當年的三里屯生態重生，在將來說不定也會有這樣的作用，但是無論如何，三里屯是這一切的源頭。

「強制拆遷是必然的。……SARS以後整個社會的亢奮達到一個新的高度，一直亢奮到現在。這種亢奮它容不下眞的文化。它需要更商業，它需要更漂亮，需要更有序。其實就是更資本主義化吧。整個社會需要的是繁榮，而不是文化。」

顏峻
聲音藝術家、詩人

1973年生於蘭州，中國地下文化場景最重要的樂評人和活動組織者，自由即興組織「鐵觀音」、「背信棄義的雙魚座人」發起者，Mini Midi音樂節創辦人，Sub Jam（鐵托/撒把芥末）和觀音（KwanYin）廠牌創辦者，曾在奧斯陸、布魯塞爾、巴黎、阿姆斯特丹、吉隆玻、首爾、柏林、科隆、哥本哈根等城市演出和參展。2005年起，每週主持實驗音樂和聲音藝術活動「水陸觀音」。

「其實SARS來了，恰到好處，它把前一個時代總結掉了，然後每一個人都有一個機會去放慢，把以前的東西告別掉。……小圈子，慢慢的不再重要。……原來的一小撮人變成了大眾。所以，三里屯它必須回到老百姓，回到大眾手裏。」

我來北京是26歲的時候。第一次去三里屯是97年。我是晚上去的，下大雨。所以那種感覺就是，不知道三里屯在哪兒，只知道酒吧在這兒。下車就直接進酒吧了。

當時我們經常去「河」酒吧玩，久而久之就形成了一個「河酒吧圈」。我去得最多的時候是每週去一到三次，甚至一到四次，基本上在那兒上班了。你最後發展到只要去那兒都能碰見很多熟人。我覺得這是很重要一件事，「河酒吧」，太重要了。「河」酒吧就像是一個緩釋膠囊，那種膠囊就是管你12小時，不是一下子就吸收了。「河」酒吧當時的那個圈子很奇特，你看上去「野孩子」他們都是民謠的什麼的，但是那兒去的，主要是跟地下搖滾有關。就是這一幫人，搞地下的這一幫人。它到現在還在發揮它的影響。當時音樂主要是一幫義大利人和法國人，兩撥，十來個女孩，加她們的中國朋友，一幫女孩再加「野孩子」樂隊的這些，我們管他們叫「大理人」，「北京大理人」。其實就是這麼一批純波希米亞的人在那兒。

那時候南街的氣氛特別好，南街真的是一幫瘋子在玩，半夜我就是坐在酒吧門口就能看到很多故事。大半夜的，玩摩托的老外，整隊的人開著摩托過來，或者是玩SM的，剛Party上出來，直接就穿著SM制服滿街走。還有我覺得最壯觀的就是半夜兩點鐘，能看見兩百個人在街上喝啤酒。北京的波希米亞，最開始就是義大利人，其是法國人，然後中國人呢，實際上就是從雲南、尼泊爾來的，主要是去大理住，住完了就帶一套大理的風格回來。因為有了「河酒吧」之後，這個圈子核心的東西是就波希米亞。後來有了後海就一下子普及了。或者說不光是後海吧，就這種風格，一下子，到03年以後就有點氾濫，但它沒有真正流行起來，這是因為並不是所有人都需要這個東西，所以就那時候一陣風。但那時候需要這些東西的人們，確實玩得挺深的。到SARS那時候，全都去了外地。之後吧，就全都去了西藏，新疆，國外，尼泊爾，到處亂跑。其實我覺得可以解釋為一種對於過於現代性的焦慮情緒。這是追求現代性過於激烈之後的一個必然的返回。到那個時候，搖滾樂，這種反叛的文化也算是發展到頭了，差不多那時候前後所有人都開始激烈了，信佛的信佛了瘋的瘋。那一段時間大家都挺有追求的。所以「河」酒吧有那種氣氛，一種挺亂的，挺狂歡的氣氛。

強制拆遷是必然的。拆遷，第一你不能說它是違章建築，違章建築多了；第二你也不能說它就是因為房地產開發；第三，你也不能說政府要打造一個新的名片，就798這樣的。這些原因都是，但都不是真正的。因為從一個社會來看，整個原因就是社會在變。所以從任何一個角度來講，這條街都會被拆了。這個社會越來越亢奮，尤其是SARS以後。SARS以後整個社會的亢奮達到一個新的高度，一直亢奮到現在。這種亢奮它容不下地下的文化，不能說地下的文化吧，就是這種，獨立的感覺。它容不下真的文化。它需要更商業，它需要更漂亮，需要更有序。其實就是更資本主義化吧。有一個管理體系，所有的東西都會井井有條，然後有更多的更大利潤。這些東西跟文化是沒有關係的。但整個社會需要的是繁榮，而不是文化。

所有浪漫的東西在SARS之後都沒有了，那種鄉愁的東西，浪漫的，憤怒的，反叛的，焦慮的東西，瘋狂的，不見了。其實SARS來了，恰到好處，它把前一個時代總結掉了，然後每一個人都有一個機會去放慢，把以前的東西告別掉。好多人在SARS前後不知所措，出現精神危機，瘋的差不多都那會兒瘋的。不光是這個圈子，我知道的，別的圈子一樣。明白一些的，文化一些的，都有這種情況。也就是說，秘密，慢慢的不再重要。甚至秘密不再被值得被保留和嚮往。原來的一小撮人變成了大眾。所以，三里屯它必須回到老百姓，回到大眾手裏。

我覺得其實政治改變是最大的。中國社會發展前奧運時代，一個超速發展講求效率的時

代。很多話語的語境都不一樣了，因爲新的政府上台之後，馬上在生活各個方面都會變化。尤其對年輕人來講，壓力減輕了很多。壓抑的感覺。整個九十年代，對年輕人來說，我覺得都是非常壓抑的。沒有一個地方會覺得是直接針對你的控制和限制，但實際上那個空氣特別的灰色，特別的壓抑。壓抑到了九十年代末二十一世紀初，這種壓抑變成了解除壓抑。解除壓抑的過程中人們喊得是最凶的。因爲你有機會去喊了，去釋放。然後騷動，做出各種各樣的聲音，釋放出各種浪漫的情懷，結成各種各樣的小圈子，秘密的小圈子。當時的後海，那是一個很秘密的東西。這些東西曾經都是很秘密的。但是2002年2003年以後，那種灰色壓抑的東西就鬆動了，那麼，在三里屯的那種特殊的情緒在壓力釋放完之後就不再被人需要了。小圈子不再那麼重要。所以是必然的，以前那種東西不會再持續下去了。應該不會再有原來三里屯南街那種感覺，所有新生的酒吧，它們更乾淨，更被管理被規訓。

三里屯酒吧街對文化，對年輕人的文化，對我們這一代人的文化是一個很嚴重的影響。它不是什麼東西的開始，它是一個尾聲。但這個尾聲呢，我剛才說了它像一個緩釋膠囊，它給我們後來的生活帶來很大的影響。而且我們這些人後來的東西是不一樣的，每個人各有各的選擇，非常的不一樣。對我來說，它有一種很甜蜜的能量，我也不能說它在天空照耀著我去幹什麼，但是這種能量對我當時的身體、精神地塑造是有改變和幫助的。對於別的人我不知道，我沒法說清楚。但是看見那個人就知道了。這個人跟那時候截然不同，或者這個人還在酗酒，你就知道這個人跟那時候是有關係的。我說不清楚。它是一個階段，沒法去辨認，它只是一種記憶。其實它就是一個秘密，很難跟人分享。即便是寫一本書。夜生活它就是氣味，是酒精，是這些，做成紀錄片也沒有辦法，用任何東西都沒法把它主要的東西呈現出來。它只有少數人，可能一百多個人，會知道是怎麼回事。但是這一百多個人，我是說，對他們的影響，被他們帶到別的地方去帶到他們生活中間去。我覺得對這些人，每一個人的塑造就都是很重要的，在他們以後的生活中，我覺得有的人，他們可以不用瘋掉，不用灰心，他可能會得到一種正面的東西來幫助他。這種感覺跟迷笛音樂節很像。因爲這種秘密，在那時候來說，是一種很罕見的東西。

中國人，即使到現在，人跟人之間的關係普遍還是很冷漠、緊張，那種東西跟童話似的。但是一個就好像實現了一樣，就在那兒了。這種東西我覺得對人的精神的影響挺大的。跟眞理沒有關係跟愛也沒有關係。因爲你一說出來就把愛給異化了。其實在這種氣場裏面是沒有概念的。我現在也必須很謹慎的，才能用「概念」來談論它。它其實就是一個感覺，但是一個很強烈的很完整的感覺。那時的願望就是一個純娛樂的。娛樂，就是娛樂。其實都是娛樂，搖滾樂地下搖滾什麼的。你看那時候那麼憤怒，其實都是娛樂。大家一塊兒在那罵員警，那就是一種娛樂。如果大家能一塊兒打員警，那就更娛樂了。三里屯到底成就了什麼東西，我不知道。這可能跟經濟有關係，跟政府規劃有關係。因爲這個時代資本的介入通常都是野蠻的生硬的。所以它的介入必然會帶來傷害。

可以猜測一下三里屯南街的復甦，但可能性不大。首先從地段上來講，這邊地價太高。即使是政府放棄開發這一片了，地價仍然是高的。只要地價高這裏就會比較商業化。這是必然的。當時南街便宜，因爲它是違章建築。北京現在發展這麼快，三環以內我覺得不可能再出現一塊這樣的地方然後重新產生這樣的感覺。就像德國統一以後的東西柏林——東柏林現在主要是一個文化的區域，那是因爲地價便宜嘛。生活便宜，藝術家可以去那兒混。但三里屯我覺得不會再有這種情況，除非再過個四、五年五、六年中國經濟崩潰，或者說就大蕭條吧，經濟大蕭條之後會出現什麼樣的情況，那就不一定了。比如說北京的經濟中心往南移了或者往西移了，這一片就衰落。衰落了之後再過一段時間，就能重新從文化上再復興。但是短期內我看不到這種可能性。

告別

「不拆不如拆。可以畫一個句號。⋯⋯現在沒有徹底拆，反而空心化了，現在那裏每走三步都會有人把你抓住說『Hello，Lady Bar』。」

姓名：William White
職業：翻譯
性別：男
年齡：31歲
籍貫：比利時

98年我大學剛畢業，來到北京，看到地鐵那些人的表情，好像動物園一樣，每個人都關著。這才叫現實。後來我離開了，02年再回來，在歐洲委員會駐華代表團工作，剛好就在三里屯附近上班，所以沒事就跑過去，中午也過去。 我下班以後，有的時候會去東大橋斜街那兒，就是南三里屯。我腦子裏在想那時候的地圖，但那一帶一直變，所以難以講清楚。那時候感覺就像沙漠裏的小村。

對於我來說，當時的南街也不覺得有太多的國外特色，是三里屯特色吧，我看來就是這樣。在其他人看來像國外，可能只是因為外國人多而已。大多數酒吧，是不懂酒吧的人開的。開得很大，裏面一個人也沒有，服務員也不過來打招呼。三里屯一直在拆遷，其實，我覺得，不拆不如拆。這樣就可以畫一個句號。很多美麗的句子都是句號結尾的。現在沒有徹底給拆了，反而空心化了，現在那裏每走三步都會有人把你抓住說「Hello，Lady Bar」叫你到某一家去喝酒。

當時的三里屯對於外國人來說，就是找到了一個秘密花園，那裏一點城市的感覺都沒有，就是城市的小島，沒有汽車、喧囂，就很好玩。不像上海，很多人去上海的酒吧，就是去擺樣子，他們不懂得享受。三里屯南街就是最不懂裝作樣的，裝不了，裝了也沒人看。這可能就是最單純的一種酒吧氛圍。

很多城市都辦了酒吧一條街，那種政府辦的很容易死掉，因為那都屬於大版塊的開發模式，接著由開發商交租。然而在當年的三里屯，每個酒吧都是沒有那種引導規劃的，沒有一個固定的模式、概念，每個酒吧也都不一樣。那時候，「碰撞」，是它的主要力量。

▶拆遷中，「愛爾蘭」酒吧牆倒屋塌。北牆凸現出來，白色的牆上刷著一個紅色的英文單詞「NO」。
攝/吳平

▶「鄉謠」酒吧的木匾被摘下。這家酒吧開始了告別三里屯南街的倒計時。
攝/吳平

姓名：唐高鵬
職業：廣告／MTV導演
性別：男
年齡：34歲
籍貫：新疆

三里屯酒吧街大約是在10年前就出現了，先是北街再後來南街開始有酒吧。印象中最有意思的是「芥末坊」，那裏有很多奇怪的樂隊，空間非常小，卻擠滿了一百多人，我覺得「芥末坊」的出現應該算是南街的一個轉折，它以後南街就逐漸開了很多酒吧。

那時候的人特別友愛，各種膚色三教九流的人全都混跡在那裏，大家都很狂歡，喝多了像四海之內皆兄弟一樣，而且南街的酒非常便宜，可能全中國都沒有那麼便宜的酒。現在回憶起來感覺當時的南街就是一個波希米亞的飛地，每天都看著特像一個烏托邦，那種國際化的程度是跟中國這種現實相映顯得特別荒誕的，看那裏覺得有點世界大同的感覺了。可以說，到了南街，眾生平等。

南街的氣氛其實是時代營造的，所以也是空前絕後的。尤其是商人進駐以後，資本來了，勢必個性和特別張揚的東西就沒有了。

現在想起來覺得南街挺遙遠的，它最後一次迴光返照是在SARS的時候，忽然一下所有店賣的酒都非常便宜，然而大家也都人心惶惶的，所有店一夜之間變得特衰老，因為誰都不願意投資去維護它們。到了真正開始拆，應該是2004年的秋天，知道要拆，很多人都傷感，我覺得其實很自然，南街不可能為了一些產生不了多少利潤的人繼續留在那裏。如今的現實勢必是這樣的，只要有點意思的東西最後肯定會被資本和權力摧毀掉的，或者說是被兩種力量結合摧毀。

「如今的現實勢必是這樣的，只要有點意思的東西最後肯定會被資本和權力摧毀掉的，或者說是被兩種力量結合摧毀。」

◀「芥末坊」落戶798改名為「仁」 ◀愛爾蘭酒吧邊到亮馬河

姓名：Ros Holmes
職業：UCCA教育部策劃
性別：女
年齡：26歲
籍貫：愛爾蘭

我是愛爾蘭人，2002年19歲的時候第一次來到北京。雖然中途離開了兩年，但2005年我又回到了北京，並且在這裏工作到現在。

2002年夏天差不多是8月份我趕到北京，在北師大上學。當時我從荷蘭坐著火車一路玩到了北京。剛到北京的時候，我們就想找個能玩、能見著朋友、有音樂聽的地方，所以我們就來了三里屯。剛到這兒時我覺得很活潑、特好玩，不像現在的三里屯北街不舒服也不好玩。那時候的三里屯就像個家一樣，無論週一還是週末只要去到那裏都會碰到一大堆朋友，就像老朋友的聚會，幾乎所有人的人都認識你並會關心你。有時酒吧老闆或者服務員會問「你最近怎麼樣啊？怎麼幾天又沒看見你啊」之類的。所有人都是在一起開心玩。我們在這裏認識了很多中國朋友，有藝術家、酒吧老闆、搞音樂的、甚至服務員、路邊賣羊肉串、賣煙的小攤主。其中有很多即便到了現在也還聯繫，還是非常好的朋友，有些人結婚了我還去給他們當伴娘。北京現在缺那種地方，都聚不到一塊了，沒有以前三里屯的那種氣氛而且有了很多別的地方可以選擇。我們現在也很少來三里屯了。

你看現在的三里屯，新的樓都不好看，沒什麼意思。我能理解這是經濟要發展而且最主要是北京要辦奧運了。所以周圍的房子都要重修，要時髦、要現代化、國際化什麼的。但很多奧運會時候來的外國人不一定想要看時髦的、現代化的東西。如果全跟西方一樣了，那我們也甭來中國了，就待在家裏得了。

「外國人不一定想要看時髦的、現代化的東西。如果全跟西方一樣了，那我們也甭來中國了，就待在家裏得了。」

復活

姓名：趙豔
職業：服裝設計師
性別：女
年齡：**30**歲
籍貫：安徽

一開始我的服裝應該就是在三里屯被大家認可和開始流傳的，當時我在三里屯的兩家小店裏面寄賣，在馬路的對面也就是現在的雅秀，還有在三里屯北街一家，記得周迅第一次來我們家買衣服就是那個時候，後來就有些其他的女明星會過來買衣服。

三里屯的日子對我來說是一種經歷，年輕，熱情，在某個時段認識一些朋友，南街就像是一個老朋友，那條街不是很華麗，不像北街那樣的裝修，它有自己的底蘊，這個底蘊來自風格不同的小酒吧，給予我很多東西。例如鄉謠，我最喜歡的酒吧，其中有一個樂手我印象很深，他靜靜地來到酒吧，然後自己很投入地歌唱，他唱歌不是為了賺錢，他是在這裏抒發自己的情感，他甚至不需要掌聲，唱完了之後他會很小心地擦好他的琴然後安靜地離開。我做事也是這樣的，就是用心做自己的事情，但是聽得人很愉悦。我做服裝就是有人穿著漂亮我就最高興了。那段就是成長中的一種經歷，其實在北京，這些地標性的東西是應該保留的，不應該現在像斬草除根一樣，其實豪華的東西很多，什麼國貿啊，新天地，新光天地等等，然而像南街那樣的地方其實是不會再出現的，我覺得真的很可惜。

「三里屯的日子對我來說是一種經歷，年輕，熱情，在某個時段認識一些朋友，南街本身就像是一個老朋友。」

20年前

最大的正事是大發展，最好的政績是快發展！

幹部下海
Cadre Go Into Business

改革開放時期，隨著市場經濟的繁榮，許多人不滿於現狀，轉而經商，稱之為：「下海」。「下」字有屈就的意思，下海的許多人員原本是政府機關人員，他們放棄有保障的就業體系而從事風險較大的商業行為，這也說明一種勇氣。人們對商人從事的行業有「商場」、「商海」之稱；故而下海這個說法沿用至今。原指「出海」：戲劇界中。非職業演員（票友）轉為職業演員；充當娼妓。妓女第一次接客伴宿。90年代，指國營企業、機關的幹部職工辭職或留職停薪。從事商業經營、投資開工廠的活動。現泛指放棄原來的工作而經商。

▶隨著下海熱潮，市面上大量出現了研究下海經商的暢導書。

1980

改革從農村突破的時候，就有人對包產到戶姓「社」姓「資」表示質疑；而後鄉鎮企業異軍突起、建立特區以及溫州個體經濟的名聲日益壯大，都引起了人們對於姓「社」姓「資」的爭論。有人說：計畫經濟等於社會主義，市場經濟等於資本主義。

1986

中國個體勞動者協會在北京宣告成立。中國個協由國家工商局指導，薄一波同志任名譽會長。從此，數以千萬計的城鄉個體勞動者有了自己的全國性組織。

1991

上海《解放日報》根據鄧小平同志在上海期間的講話，先後發表了3篇署名「皇甫平」的社論，提出要繼續堅持解放思想，敢冒風險，大膽改革，不要再囿於姓「社」姓「資」的詰難。因為並未注明來源，這組社論甫一刊登，便在一派沉悶的輿論界掀起軒然大波，引發了一些人士的指責和圍攻。一些媒體紛紛發文，提出改革的道路上必須問一問姓「社」還是姓「資」。而針對個私經濟，甚至有傳言說：「中央要取消個體戶了！」

20多年來，全國所有省級行政區域和計畫單列市均建立了個協、私協組織，同時，全國還分別建立地市級和縣區級個協組織412個和12982個、地市級和縣區級私協組織355個和12415個。截至2006年底，全國共有2127萬多戶、4274萬多人加入了各級個協組織，分別占全國個體工商戶總數的86%和從業人數的87%；加入各級私協組織的私營企業也多達326萬多戶、4360多萬人，分別占全國私營企業總戶數的76%和從業人數的75%。兩項相加，中國個協和全國各級個協、私協組織總共擁有會員企業2454萬多戶、8634萬多人，成為一個會員人數眾多、覆蓋地域廣闊、組織機構健全、具有廣泛群眾性和代表性的龐大社會團體，為中國個私經濟的發展做出了積極的貢獻。

▲2004月10月後，老秀水全面清空，新秀水大樓取而代之。

▲老秀水街在雪中關閉場景。

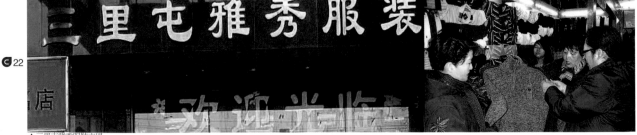

▲三里屯雅秀服裝市場

C22

姓名：陶麗娜
職業：裁縫店老闆
性別：女
年齡：31歲
籍貫：南京

以前我也在這開門臉的，沒有拆了的時候，在那邊馬路對面，後來拆了以後去3·3，再下來之後又回到了以前那種感覺，3·3人不多嘛。在這底下，還能看到人，那上面，5層呢，太高。

這是老外的雜誌，照著做。他們通常自己帶款式，中國人看著有特色才買，老外不一樣，本來中國紡織品就便宜，他就什麼都買，而且外國人體形不像中國人不一樣，衣服不好買，所以要做。

現在居民遷出去了，人流量大，但大多是大老遠的，吃個飯就走了，不怎麼做買賣。跟那邊酒吧不一樣，我們做小買賣。以前三里屯這一帶的裁縫不得了哦，哪個角落都看到裁縫，我們這剛開業時間不長，不知道有沒有生意，沒有生意該關就關了。

雅秀裏面就是暴發戶。以前也都跟我們一樣，小裁縫，不咋地。就是他們進去幹了，我們沒進去幹。你現在有能耐的話，拿個攤位下來沒有一百萬也有八十萬。而且拿那麼多錢，還得有門路，才能進去。

23

「雅秀裏面都是暴發戶，以前也都跟我們一樣，小裁縫，不咋地。就是他們進去幹了，我們沒進去幹。」

40年前

自60年代初期中蘇兩黨、兩國交惡之後，蘇共領導集團繼續干涉社會主義國家的內部事務，甚至動用武力，還在中蘇、中蒙邊境陳兵百萬，時時製造挑釁事件，1969年初屢次侵犯中國東北，招致中國政府、人民和軍隊的反擊。「社會帝國主義」，按當時的解釋，就是打著「社會主義招牌的帝國主義」，主要是指蘇聯領導集團。「打倒社會帝國主義」是國慶20周年提出的口號，它反映了當時中國共產黨和中國政府對蘇聯大國沙文主義的態度和立場。這個口號一直沿用到80年代初期。

不忘階級苦，牢記血淚仇

「當時的柏油路就修到三里屯。三里屯的西南側有一個工人體育場，那時相當於國家的體育中心，所以有一條迎賓道通到三里屯，路比較寬。」

王國盛
外交部子弟

1960年生於北京，現任職於北京外交人員房屋服務公司

我小時候上的是外交部幼稚園，就是現在的光華里這邊，我父親在使館工作。我父親送我上幼稚園，我不幹，有一段時間我老從幼稚園跑回家，我父親不放心，就把我帶到他工作的地方，就是三里屯。那個道非常窄，到幸福三村那邊基本就沒有道了，那之外都是農村的土路。當時的柏油路就修到三里屯。三里屯的西南側有一個工人體育場，那時相當於國家的體育中心，所以有一條迎賓道通到三里屯，路比較寬。所以這裏的建築在當時還算不錯。我小時，記得路邊有柿子樹，核桃樹，高羊毛草等等，一直鋪到三里屯。三里屯的使館區，我第一印象就是在使館區裏，因爲我爺爺在使館區工作。我第一次來三里屯就是通過這條迎賓道，從長安街一直延伸到三里屯。那時候白天路上幾乎沒人。那時候走在這邊聞到的都是花的清香。空氣很好，藍天白雲。那時候的土都是很厚的黃土，不像現在的。那時候下雪有20釐米厚，我們經常踩雪，還去使館區滑冰，因爲當時只有使館有些車，雪後車子一軋，結成的冰像鏡面一樣。

當時的三里屯屬於荒郊僻野，對人沒有什麼吸引力，屬於郊區的郊區。當時的交通也不方便，只有28路，到東大橋，再往北就沒車了，當時的101差不多要40分鐘一趟，而且車也很老。很少有人到三里屯來。因爲我父親是幹外事的，所以我才有機會接觸這裏。三里屯住過不少黑人，那時候這裏的使館都是黑人，黃種人，亞非拉的，當時大的使館都在南邊的老使館區（「秀水」附近的使館區），老使館區有阿爾巴尼亞、波蘭、捷克、越南、古巴、保加利亞，羅馬尼亞，英國，印度。俄羅斯的使館在東直門。三里屯沒有大的使館，全是小的使館，三里屯一街，二街三街四街，全是背靠背的。過去很少有人能見到外國人。舉個例子，70年代中期，外地人來北京，北京人追著人家滿街跑。過去只有幹洋事的才有機會接觸到外國東西，所以我的見識比一般人多。原來三里屯到農展館的路也不像現在這樣，一段寬一段窄的，因爲當時那裏也沒現在這麼多的活動。三里屯這邊的使館區是第二使館區，它的建築規模相對小一些，樣式比較雷同。當時的三環以外都是純粹的農村，都是種地的，沒有建築。

三里屯的變化是從80年代後期開始的，建築多了，人也多了。我上中學的時候，三里屯這邊是一片大工地，除了三里屯一區的九層公寓（三里屯酒吧街的東側）和武警醫院。農展館的路南路北都是大工地，建住宅，建工廠。三里屯發展最快的時期應該是在95-2000年，迎來了一個發展高峰，伴隨著它的服裝街、自由市場（洋貨、T-shirt等等）的興起，三里屯才逐漸有了名氣和吸引力，因爲在此之前是「秀水」更火一些。在「秀水」競爭不過的攤位都來三里屯這發展了，還有些是爲了開闢第二戰場，也來這邊了，於是這邊就逐漸火爆起來。

三里屯一開始是咖啡店，小餐館，小吃店，甚至是搭個蓬子賣刀削麵、餃子的（附近的民工經常來），烤串的等等，因爲逐漸出現治安問題，朝陽區政府才開始考慮對這一地區進行規劃，考慮到這裏的服裝和「秀水」相比並無優勢，於是考慮改爲酒吧一條街。應該是在98年以後，逐漸有酒吧了。但有一個階段，最大的問題就是好多人看不慣那些打扮怪異的新人類，後來逐漸就接受了。隨著酒吧一條街的興起，各種洋酒、水貨全來了。外國人比較喜歡這種夜生活的方式，因爲在北京生活的外國人很多覺得生活單調，因此這的商機就形成了。當然這一切的根本原因是改革開放。很多人覺得在三里屯的酒吧消費是一種身分、時髦的象徵，但我卻不以爲然。

現在正在建設的建築都是比較新的，格調也比較好。但在更新換代中存在的問題是擾民，當時（98、99年左右）三里屯的一條街外號是「妓街」，打也打不淨，比較大規模的掃蕩有三四次，但也難以掃清。後來網上還有專門爲這些「小姐」寫的歌。對於這些「擾民」的現象，我也很看不過去。我覺得真正混的好的沒有來酒吧一條街的，來這的沒好人，到現在我也對酒吧一條街沒有好印象。

50年前

人民公社萬歲！

1958

5月，在北京召開的黨的八大二次會議根據毛澤東的創意，通過了「鼓足幹勁、力爭上游、多快好省地建設社會主義」的總路線。劉少奇在政治報告中對此做了解釋，認為總路線的精神表明，黨的主要任務是建設社會主義，實行技術和文化革命。他還就經濟發展中的兩條腿走路的方針作了說明。總路線的提出，一方面反映了廣大人民群衆迫切要求儘快改變我國經濟文化落後狀況的普遍願望，另一方面它誇大了人的主觀能動性在經濟發展中的作用，忽視了經濟發展過程中的自身規律。尤其是宣傳工作重在「多」和「快」上，輕視了「好」和「省」，客觀上推動了「大躍進」盲動行爲。「總路線」由於內容言簡意賅，通俗易懂，很快爲群衆掌握，很長時間內成爲動員人民從事社會主義建設的行動口號。

8月上旬，毛澤東赴河北、河南、山東等地視察工作，多次與當地的負責同志談到「小社」併「大社」的問題。許多當地的負責同志在匯報工作情況時也都強調辦「大社」的優越性和迫切性。在河南，當地方領導匯報他們對「大社」的名稱沒有使用「共產主義公社」而用「人民公社」的原因時，毛澤東說：「看來『人民公社』是一個好名字，包括工農兵學商，管理生產，管理生活，管理政權。『人民公社』前面可以加上地名，或者加上群衆喜歡的名字」。他還對「人民公社」的特點作了概括，「一曰大，二曰公」。在山東視察工作時，當地負責人請示「大社」叫什麼名稱時，毛澤東說：「還是叫人民公社好，它的好處是，可以把工、農、商、學、兵合在一起，便於領導」。這些消息見報後，全國各地紛紛效仿。「人民公社好！」「人民公社萬歲！」在60年代之後成爲鞏固農村社會主義所有制和基層無產階級政權的典型口號。

▲ 東三里屯社區

姓名：白景元
性別：男
年齡：82歲
籍貫：北京
職業：退休東三里屯社區居委
會書記及主任

我從朝鮮出來的時候，是連軍指導員，回來時候是上尉軍銜，到居委會是62年，到了之後就搞這個居委會，這小區基本是我建的，我在這個居委會當書記兼主任，一共16年。從酒吧街到這邊是東三里屯社區居委會，三里屯地區的社區居委會還有七個。我來的時候，這個東區沒有大高樓，這個幹休樓出去之後是加拿大使館。那邊都是使館區，過去就有，都是國家機關人員，那邊是中紡部的宿舍，這邊是機電研究院。原來這個院裏頭是輕工業部，後來成了武警醫院。武警醫院裏頭有個幹休所，住了六十多戶都是師以上的幹部。

當年蓋這個酒吧街的時候我是有些激動。這個就是原來這裏的副區長搞的，後來調到崇文區了。那個「男孩女孩」就是他的。應該是在1991年到1992年之間，申請在三里屯建設一條品牌街。他還給蓋了堵高牆。我說這是監獄啊還是居民區，要是監獄的話，你還得給我拉鐵絲網！後來就給建成了團結湖那樣的圍欄，圓的，為了跟酒吧劃分開的。這個酒吧街整個壓著一條暖氣管線。那個管道有時候壓塌了，整個影響這個區的供暖。到現在群眾還是有意見。

這麼多年，變化大了！高樓砌多了，過去沒有太平洋、3‧3，環境也變綠了。居委會辦公高級了。原來是靠腳，現在基本不出門，都用電腦。我這個房子現在可以賣一百萬。很多人都出租了。我對門這個英國人，三千五租給他的，樓底下黑種人，四千五。樓底下那家可了不得了，我都認識他。他兒子是百貨大樓的總經理，集團上面的副總經理，現在是全國人大代表。人家孩子，有在英國的，有在美國三藩市的。他母親呢，是我在居委會的副主任，原來是工程兵。

「這麼多年，變化大了！高樓砌多了，過去沒有太平洋，3‧3，環境也變綠了……我這個房子現在可以賣一百萬。」

100年前